Sergej Gerassimow
Feuerpanorama

SERGEJ GERASSIMOW

FEUER PANORAMA

EIN UKRAINISCHES KRIEGSTAGEBUCH

Aus dem Englischen
von Andreas Breitenstein,
Neue Zürcher Zeitung

dtv

MIX
Papier | Fördert
gute Waldnutzung
FSC® C083411

Deutsche Erstausgabe 2022
© by Sergej Gerassimov
Agreement via Wiedling Literary Agency
© der deutschsprachigen Ausgabe:
2022 dtv Verlagsgesellschaft mbH & Co. KG, München
Umschlaggestaltung: Andreas Volleritsch (neubaudesign.com)
Umschlagmotive: Foto Sokleine / flickr.com (Fresko aus der Abtei
Pomposa); Hintergrundmotiv shutterstock.com
Satz: Uhl + Massopust GmbH, Aalen
Gesetzt aus der Le Monde Livre Std
Druck und Bindung: CPI books GmbH, Leck
Printed in Germany · ISBN 978-3-423-28315-1

INHALT

VORWORT

Dies ist ein sehr schnell geschriebenes Buch. Man muss schnell schreiben, wenn man das unter fallenden Bomben und fliegenden Granaten tut. Selbst wenn ein oder zwei Stunden lang keine Bomben und Granaten niedergehen, muss man trotzdem schnell sein, wenn man möglichst viele flüchtige Fakten und Details festhalten will, die sonst für immer verloren wären. Grundsätzlich hat man nie genug Zeit, sie zu notieren, weil man jeden Tag mit den einfachen Dingen des Überlebens beschäftigt ist. Das Zeitaufwendigste davon ist das Schlangestehen, um etwas zu essen oder Medikamente zu bekommen.

Man muss schnell sein, denn selbst wenn man es schafft, seine Finger auf die Tastatur zu legen und endlich mit dem Tippen zu beginnen, besteht die Gefahr, dass das Licht flackert, der Computer neu startet und alles, was man geschrieben hat, wieder weg ist. Das passiert andauernd. Gerade jetzt, wo ich dies schreibe, ist die Internetverbindung ausgefallen. Ich weiß nicht, wann sie wieder da ist und ob sie überhaupt jemals wiederhergestellt wird. Man muss schnell schreiben, denn es kann sein, dass das Fenster vor einem plötzlich in einer Wolke scharfer Scherben zerspringt oder sich die Wand neben einem in einen Haufen Ziegelstein-Trümmer verwandelt; oder dass ein Raketenträger, der seine tödliche Schrapnell-Ladung bereits ausgespuckt hat, senkrecht hinabstürzt und die Zimmerdecke über dem Kopf durchschlägt. All das ist immer möglich.

Bevor der Krieg begann, schrieb ich bedächtig, über Grammatik und Wortwahl nachdenkend und alles überprüfend nach dem Prinzip, dass für jede fertige Seite sieben im Papierkorb landen. Jetzt habe ich dafür keine Zeit mehr. Ich weiß, dass die Worte, die den Weg durch meine Fingerspitzen geschafft haben, bleiben werden, egal ob sie die bestmöglichen sind oder nicht. Meistens sind sie es nicht. Aber Worte an sich sind nicht so wichtig, sie sind nur Bausteine, aus denen sich die Wahrheit zusammensetzt. Und wichtig ist einzig die Wahrheit.

Schnelles Schreiben hat sowohl Vor- als auch Nachteile. Der Hauptvorteil ist ein höherer Grad an Ehrlichkeit, denn man hat keine Gelegenheit, sich zu verstellen. Verstellung nämlich braucht Zeit. Jede Lüge ist wie eine zweite Etage, die sich über die Reinheit dessen legt, was man unmittelbar sieht und fühlt. Der Nachteil beim schnellen Schreiben ist, dass man mitunter den Wald vor lauter Bäumen nicht mehr sieht, das Gesamtbild geht verloren.

Aber jetzt, einige Monate nach Kriegsbeginn, klärt sich das Gesamtbild.

Am 24. Februar 2022 überquerten russische Truppen die ukrainische Grenze und näherten sich Charkiw. Sie brauchten weniger als eine Stunde, weil niemand sich ihnen in den Weg stellte. Sogleich versuchten sie, die Stadt einzunehmen, doch vier ihrer Panzer wurden auf der Umgehungsstraße in die Luft gesprengt. Die Russen stoppten ihren Vorstoß für drei Tage, wahrscheinlich weil sie nicht wussten, was sie tun sollten. Dann drangen ihre Soldaten aus mehreren Richtungen in die Stadt ein. Sie bewegten sich langsam und wirkten weder wachsam noch kampfbereit. Sie wählten den einfachsten Weg. Es schien, als wüssten sie nicht, was sie erwartete, aber vor allem dachten sie, die Ukrainer würden aus ihren Häusern kommen, um ihre Ankunft zu begrüßen.

Damit lagen sie völlig falsch. Bald begannen Straßenkämpfe, und die Russen wurden bis zum Einbruch der Nacht gehetzt und gejagt. Wer von ihnen übrig war, versuchte, in einer Charkiwer Schule Zuflucht zu finden, aber sie wurden alle zusammen mit dem Gebäude niedergebrannt.

Die Russen fühlten sich zurückgewiesen, beleidigt und verachtet – sie hatten ja nur »das Beste« gewollt. Es scheint, dass viele der Soldaten, benebelt durch die Propaganda, in den ersten Tagen glaubten, dass sie Befreier seien. Sie dachten, dass sie die Zurückweisung, die sie erfuhren, nicht verdienten. Um die kognitive Dissonanz aufzulösen, wurden alle Bürger Charkiws zu Nazis erklärt, und die Soldaten machten sich an die beschwerliche Aufgabe, sie zu bekämpfen.

Zuerst warfen die russischen Flugzeuge ihre schrecklichen Bomben ab. Ihr Plan war, die Stadt mit Feuer zu überziehen und in Schutt und Asche zu legen, was auch erst fast gelang, doch bald fielen die russischen Bomber reihenweise vom Himmel, getroffen von der ukrainischen Flugabwehr. Sodann griffen die Russen die Stadt mit Raketen und Marschflugkörpern an und zerstörten vor allem das historische Zentrum. Viele der Geschosse trafen Wohnhäuser und hinterließen eine noch nie da gewesene Verwüstung. Die Hauptbedrohung für die Zivilbevölkerung aber war der Mörserbeschuss. Die Russen zertrümmerten damit dicht besiedelte Wohngebiete, in denen mehr als eine halbe Million Menschen lebten.

Mit Mörsern schießen die Russen noch immer, obwohl sie vielerorts aus der Stadt zurückgedrängt worden sind. Derweil sehen die von ihnen »befreiten« Gebiete wie Müllhalden aus, auf denen verstreut die Leichen ihrer Soldaten liegen – oft in Positionen, die lebendigen Menschen unmöglich sind. Einen ganzen Monat lang hatten die Russen in Erdlöchern leben müssen, in Säcke und Lumpen und Dreck gehüllt, um sich irgendwie warm zu halten. Denn die Temperaturen fielen manchmal auf bis zu minus zwanzig Grad Celsius.

Ich frage mich, welches Verbrechen schlimmer ist: der mehrmonatige Beschuss von mehr als einer Million Menschen in Charkiw oder die Ermordung von Hunderten Zivilisten in Butscha? Kann die Schwere eines Verbrechens an der Gesamtsumme von Angst, Leid und Tod gemessen werden? Oder ist das schiere Ausmaß an unmenschlicher Brutalität maßgeblicher, sprich: die Zahl der einzelnen Vergewaltigungen, Folterungen und Hinrichtungen?

Es ist leicht, diejenigen zu hassen, die uns beschießen, vergewaltigen, foltern, hängen oder ermorden, aber jeder Hass, selbst der gerechtfertigte, ist kontraproduktiv. Hass führt zu neuem Hass, und neuer Hass führt zu neuen Verbrechen – und, was am wichtigsten ist, Hass allein reicht für die Täter nicht aus.

Ich glaube, für alles, was sie getan haben, verdienen die Russen keinen Hass, sondern Gerechtigkeit, einen fairen Prozess und eine Bestrafung, die so hart ausfällt, wie es das Gesetz vorsieht. Und was den Hass betrifft, so werden sie ihn auf die harte Tour auf dem Schlachtfeld erfahren.

Wenn man schnell schreibt, hat man keine Zeit, über etwas zweimal nachzudenken. Man schreibt auf, was einem im ersten Moment als wahr erscheint, aber vielleicht nicht mehr wahr ist, wenn man es später aus der Distanz von Stunden oder auch nur ein paar Minuten betrachtet. Wenn man schnell schreibt, gehen viele wichtige Dinge verloren. Es ist, als würde man mit einem Netz durch einen Schwarm weißer Schmetterlinge rennen und versuchen, alle einzufangen. Aber die meisten fliegen davon, und was im Netz zurückbleibt, sind ein paar abgebrochene Flügel und, wenn man Glück hat, ein oder zwei tote Schmetterlinge, die nicht wirklich dem flatternden Wunder gleichen, das man gerade noch erblickt und zu fangen versucht hat.

Wenn man schnell schreibt, hat man nur Zeit, die einfachen und grundlegenden Dinge zu erfassen, wie Leben, Tod, Furcht, Liebe und Freundlichkeit. Man pickt die kleinen Details auf, die zufällig in der Nähe sind, und schafft es nicht, über die schwerwiegenden Dinge nachzudenken, die in der Ferne liegen.

Erich Maria Remarque schrieb einmal über eine viel größere Geschichte: »Dieses Buch soll weder eine Anklage noch ein Bekenntnis sein.« Ich weiß nicht, wie schnell er damals, vor fast hundert Jahren, mit dem Schreiben vorwärtskam. Aber wenn jede Sekunde zählt, hat man weder für Anklagen noch für Bekenntnisse Zeit. Man kann lediglich mit seinem kleinen Netz durch den Schwarm von Schmetterlingen rennen. Deshalb ist dieses Buch hier alles andere als perfekt.

Dennoch hoffe ich, dass es jemandem nützlich sein wird. Denn die Ereignisse, die ich zu fassen versucht habe, könnten als psychologische Beschreibung eines veränderten Gemütszustands dienen, wie wir ihn alle erleiden, wenn wir uns plötzlich mit einem Bösen konfrontiert sehen, dessen Ausmaß alle von Menschen jemals erfundenen Worte übersteigt. Das deutlichste Merkmal dieses psychischen Zustands ist die fast völlige Abwesenheit von Angst. Erstaunlicherweise empfinde ich kaum Furcht vor fallenden Bomben, so etwa, wie eine Maus sich nicht vor einer Schlange fürchtet. Sowohl Bomben als auch Schlangen üben eine hypnotisierende Wirkung auf das Bewusstsein aus, das es nicht gewohnt ist, die Gefahr so nah zu sehen.

Genau das ist es, was wir friedlich und gewaltlos durchs Leben gehende Ukrainer fühlten, als wir eines Tages erwachten und um uns herum den Krieg wüten sahen. Wir befanden uns in einer Art Trance, und vielleicht befinden wir uns auch heute noch darin. Zwei Fragen sind es, die sich uns immer wieder stellen: »Wie ist das möglich?« und »Warum ist es geschehen?« Keine noch so ausgefeilte Logik vermag eine Antwort zu geben, wenn man das Ganze von nahem betrachtet.

Aber es gibt noch ein anderes, größeres Bild, das mittlerweile ganz klar zu erkennen ist.

Vor wenigen Monaten waren wir noch ganz normale Menschen, die in einem ganz normalen Land lebten, das nicht vom Krieg, sondern von Bürokratie und Korruption heimgesucht wurde. Unser Präsident, Wolodimir Selenskyj, war ein gewöhnlicher Kerl mit einer langen Karriere als Witze-Schreiber und Kabarettist. Ich mochte seine Witze nie, denn sie wiederholten sich, waren nicht immer anständig und handelten oft von Alkoholikern. Ich persönlich denke, dass es an Alkoholikern nichts Lustiges gibt. Seine Witze waren kein Ausdruck von Kultur, dazu fehlte ihnen das lebensverändernde Potenzial.

Die meisten Leute, die für Selenskyj stimmten, dachten nie, dass er ein großartiger Präsident sein würde, gut vielleicht, ja, aber sicher nicht großartig. Der andere Kandidat aber agierte mit seiner pathetisch patriotischen Überzeugung von »Kampf, Sprache und Glaube« wie ein Bulldozer, sodass die Ukrainer gar keine andere Möglichkeit hatten, als Selenskyj zu wählen. Nehmen Sie sich die Zeit und stellen Sie sich vor, wie es wäre, in einem Land zu leben, in dem diese Werte über allem stehen – und Sie werden es nachvollziehen können.

Und ja, fast drei Jahre nach Selenskyjs Amtsantritt hatte sich in der Ukraine nichts wirklich zum Besseren verändert. Die Bürokratie wusste noch immer zuverlässig zu verhindern, dass anständige Menschen etwas Sinnvolles schaffen konnten, und die Korruption erlaubte es unanständigen Leuten nach wie vor, sich alles unter den Nagel zu reißen. Wir waren noch immer ein gewöhnliches Land mit gewöhnlichen Aussichten. Dann aber bezeichnete uns jemand in der Hauptstadt des Nachbarlandes als Nationalisten und beschloss, dass wir als solche bestraft gehörten. Soldaten in schweren Militärstiefeln sollten losgeschickt werden, um uns auf den rechten Weg zu bringen.

Sind wir wirklich Nationalisten? Man könnte darüber lachen, wenn es nicht so traurig wäre. Was den Nationalismus angeht, könnte ich meine eigenen fünfundneunzig Thesen dagegen niederschreiben und sie an eine Kirchentür nageln, so wie es Martin Luther einst tat, allerdings zu einem gewichtigeren Zweck. Und ich bin keineswegs allein. Die meisten Bürger der Ukraine, einschließlich Millionen überschwänglicher Patrioten, würden dasselbe tun.

Die wenigen toxischen Nationalisten, die wir in der Ukraine noch haben, gebärden sich genauso wütend und laut wie alle toxischen Nationalisten überall auf der Welt. Ihre Stimmen waren in der Vergangenheit oft so deutlich hörbar, weil Politiker, die auf »Kampf, Sprache und Glaube« schworen, stets versuchten, sie für ihre Zwecke einzuspannen. Aber jetzt hat das Land ihnen den Laufpass gegeben. Die Menschen haben sie nicht gewählt und werden das auch nie tun. Sie mögen weiterhin pöbeln, brüllen und in den sozialen Netzwerken Hass verbreiten. Aber es ist offensichtlich, dass sich die Ukraine von ihnen abgewandt und auf die universellen Werte besonnen hat, die jede Art von toxischem Nationalismus ausschließen.

Die meisten Menschen in Charkiw, der Stadt, in der ich wohne, sprechen Russisch, während sie gegen die Russen kämpfen. Keiner findet das seltsam. Wir kämpfen für Freiheit, Demokratie, Gerechtigkeit, Gleichberechtigung und Würde gegen ein Ungeheuer, das schon immer der Ansicht war, dass Mütter keine Babys zur Welt bringen sollten, sondern Reisig für die Brennöfen des Krieges. Wo gibt es in unserem Kampf Nationalismus? Er ist die globalste und universellste Sache, die ich mir vorstellen kann.

Es handelt sich also um den wahrscheinlich sinnlosesten Krieg der Geschichte. Die Russen kämpfen gegen Dinge, die es gar nicht gibt.

Unlängst hat ein Martin Luther unserer Tage am Wiener Stephansdom blaue und gelbe Rechtecke angebracht, und auf jedem stand ein Friedensgebet mit der Bitte an Gott, den Krieg zu beenden. Und als die ersten Bomben fielen, zuckte mein Land nicht einfach nur vor Schmerz, es gewann an Stärke. Es öffnete sich wie die Knospe einer Blume. Dieser Krieg hat die Horizonte der Ukraine erweitert.

Wir sind kein gewöhnliches Land mehr mit einem gewöhnlichen Präsidenten und gewöhnlichen Aussichten. Wir sind ein fester Bestandteil der Welt geworden.

Was für mich derweil immer klarer wird, ist der Unterschied zwischen dem russischen und dem ukrainischen Volk.

Meine Erfahrung ist folgende: Wenn man einem durchschnittlichen Russen ein liniertes Blatt Papier gibt, beugt er sich darüber, schließt die Augen und kritzelt alles darauf, was man ihm befiehlt. Wenn man ihm immer wieder ein liniertes Papier gibt, beginnt er, sich an den Linien zu berauschen. Nach einer Weile sind manche bereit, jeden zu schlagen, zu foltern, zu erschießen oder zu hängen, der es wagt, auf einem unlinierten Blatt zu schreiben.

Wenn man den Ukrainern ein Blatt Papier mit Linien gibt, schreiben sie natürlich quer zu deren Richtung. Wenn man sie dafür bestraft, reißen sie das Papier einfach in zwei Hälften. Immerhin hatten wir in dreißig Jahren drei Revolutionen – nämlich immer dann, wenn jemand versucht hat, uns sein liniertes Papier aufzuzwingen. Und das will wirklich etwas heißen. Ihr mögt uns umbringen, aber ihr könnt uns nicht zwingen, so zu schreiben, wie es unserer Seele zuwider ist.

Sergej Gerassimow im April 2022

BEGINN
24. Februar 2022

Es ist 5:07 Uhr morgens, 24. Februar 2022. Nur wenige Stunden nach dem 23. Februar, der ein umkämpftes Datum ist: Einerseits ist es der Tag der russischen Vaterlandsverteidiger, und die meisten Ukrainer hegen einen tiefen Hass auf die russische Armee. Andererseits feiert der größte Teil der männlichen Bevölkerung in der Ukraine dieses Datum als Männertag. Ich habe also einen noch nicht ganz verzehrten Kuchen im Kühlschrank, und ein vages Gefühl von Festlichkeit wärmt meine Seele. Aber jetzt ist es 5:07 Uhr morgens, und etwas Unheimliches hat mich geweckt. Etwas Böses kommt auf uns zu.

Das Zimmer ist dunkel und still. Die Welt außerhalb des Fensters ist es ebenfalls. Es ist eine klare Nacht, wahrscheinlich die erste seit Monaten. Die Venus hängt tief über dem Horizont und wirkt riesig, wie ein leuchtendes Ufo. Es ist kein Mond zu sehen. Die Straßenlaternen sind ausgeschaltet. Keine Autos, keine Menschen auf der Straße, alles scheint so leer, aber irgendwie weiß ich genau, was mich geweckt hat. Tief in meinem Inneren bin ich mir absolut sicher.

Mit leisen Schritten, um Lena, meine Frau, nicht zu wecken, nähere ich mich dem Fenster. Das Geräusch wird lauter. In der letzten Minute meines Traums klang es wie Wellen, die gegen das Ufer schlagen, und ja, es ähnelt tatsächlich ein wenig dem Geräusch von anbrandenden Wellen. Es geht auf und ab, es pulsiert, es atmet. Ich bin mir ganz sicher, dass es das Geräusch des Krieges ist, der gerade begonnen hat.

Das Geräusch ähnelt nichts anderem auf der Welt, denn die Welt besteht aus Lebewesen, aus Dingen, die leben und gedeihen und glücklich sein wollen. Im Gegenteil, dies ist das Geräusch des Todes, des vorsätzlichen Mordes, von Dingen, die töten und zerstören und tot sein wollen, also unterscheidet es sich von allen wirklichen Geräuschen, so wie sich die Dunkelheit vom Licht unterscheidet. Ich habe es noch nie gehört, aber ich weiß, dass es das Atmen des nahenden Krieges ist.

Es besteht aus einfachen Klängen wie »Bum!« und »Bang!« und einem langen »Schhh…«, die sich stetig wiederholen, verzerrt durch die Entfernung, verschmolzen zu etwas anderem, Einzigartigem und Einheitlichem. Und doch ist die Welt leer und irgendwie heiter.

Ich lebe in der Stadt Charkiw, in der 1932 ein Lithiumatom in zwei Alphateilchen gespalten wurde, zum ersten Mal in der damaligen Sowjetunion, nur wenige Monate nachdem dies als weltweit Ersten J.D. Cockcroft und E.T.S. Walton im Cavendish Laboratorium gelungen war. Nobelpreisträger in Medizin, Physik und Wirtschaft haben in meiner Stadt studiert und gearbeitet. Ich lebe im dritten Jahrzehnt des 21. Jahrhunderts. Das kann mir doch nicht passieren, denke ich.

Dann sehe ich das rote Glühen von Explosionen, die noch jenseits des Horizonts liegen. Jetzt kann ich es glauben: Es kann mir passieren. Es kann jeden treffen. Es kann dem ganzen Land passieren, Europa, der ganzen Welt, der ganzen Geschichte.

Ich stoße meine Frau leicht an.

»Steh schnell auf«, sage ich. »Der Krieg hat begonnen.«

Ein paar Stunden später sehe ich eine Frau, die in unserem Haus wohnt. Meine Wohnung liegt im dritten Stock, ihre aber im zwölften, sodass sie alles viel besser sieht als ich.

»Kannst du es glauben?«, fragt sie mich immer wieder. »Kannst du es glauben?«

»Ja«, sage ich. »Warum nicht?«

»Weil es unmöglich ist«, sagt sie ein wenig hysterisch. »Ich konnte es nicht einmal glauben, als ich das Feuerpanorama am ganzen Horizont sah. Ich habe so viel Rauch gesehen. Ich kann es auch jetzt nicht glauben. Wie konntest du es nur glauben?«

»Es war vom ersten Moment an klar«, sage ich, aber tief im Inneren glaube ich es immer noch nicht, denn ich habe überhaupt keine Angst. Alles hier besitzt eine filmische Qualität von Unwirklichkeit. Die Leute erzählen Witze und lächeln dabei. Sie glauben halb, dass sie noch nicht aus einem schlechten Traum aufgewacht sind, weil nichts, was sie gerade sehen oder hören, real sein kann.

WASSER
24. Februar 2022

Es ist 5:30 Uhr morgens, 24. Februar 2022. Es gibt kein Wasser in den Leitungen, und die Zentralheizung funktioniert nicht. Ich schalte den Computer ein und suche nach den neuesten Nachrichten, doch es gibt keine – zumindest keine echten Nachrichten, nur alltäglichen Informationsmüll. Aber der Kanonenlärm ist zu laut, als dass man ihn ignorieren könnte. Endlich, um 5:50 Uhr, lesen wir dann, was wir bereits wissen: Russland hat einen Krieg begonnen.

»Es gibt kein Wasser mehr«, sagt meine Frau.

Also gehe ich los, um an einem Automaten welches zu kaufen. Doch die Schlange derjenigen, die dasselbe wollen, ist zwanzig Meter lang. Es wird Stunden dauern, bis ich etwas Wasser bekomme.

Die Knallgeräusche sind jetzt lauter, wahrscheinlich weil ich draußen bin. Ich höre klare, schnappende Laute, so als ob riesige Seifenblasen am Himmel über den Köpfen der Menschen zerplatzten, aber diese Geräusche sind natürlich millionenfach lauter. Die meisten Leute, die in der Schlange stehen, telefonieren mit ihren Handys. Dann bricht die Verbindung ab, und sie können nicht mehr telefonieren, aber sie lesen Nachrichten und Textnachrichten. Manche sagen, ihr mobiles Internet sei ausgeschaltet.

Die Leute unterhalten sich leise. Sie lächeln, erzählen Witze. Die lauten Seifenblasen zerplatzen immer wieder am Himmel, aber niemand scheint sie zu beachten, niemanden

scheint es zu interessieren. Jeder hält große Plastikwasserfla-
schen in der Hand, eine Menge Plastikflaschen. Vor mir in
der Schlange am Wasserautomaten drängeln sich etwa vierzig Leute, und ständig kommen neue hinzu. Jeder von ihnen
hat drei oder vier große Plastikflaschen dabei. Keiner sieht
wirklich besorgt oder verängstigt aus.

Ich muss immer wieder an den fernen Feuerschein denken, der frühmorgens den Himmel erhellte. So etwas habe
ich schon einmal gesehen. Vor sehr langer Zeit, als ich ein
Junge oder ein sehr junger Mann war, wurde ich Zeuge des
Bruchs einer Hochdruck-Gasleitung, und dieses Erlebnis hat
sich in mein Gedächtnis, in mein Bewusstsein und in mein
Unterbewusstsein, in alles eingeprägt.

Es war gegen Mitternacht, als die Leitung brach. Ich
wachte von einem lauten Geräusch auf, das sich anhörte, als
ob ein Zug an meinen Fenstern vorbeirattern würde. Ich be-
fand mich damals in einem Dorf in der Region Kursk. Es
war ein sehr dunkles Dorf, die nächste Straßenlaterne war
sieben Meilen entfernt. Aber in diesem Moment wurde alles
von einem starken, roten Fotolabor-Licht erhellt. »Okay, das
ist eine Atomexplosion«, dachte ich damals. Das war mein
erster Gedanke. Ich geriet nicht in Panik, weil das ohnehin
nichts gebracht hätte. Es ist leicht, in Panik zu geraten, wenn
man das Gefühl hat, dass man etwas tun kann, und gleichzeitig, dass man nichts tun kann, und dieser unmögliche
Widerspruch macht einen verrückt. Aber man gerät nicht
in Panik, wenn es überhaupt nichts zu tun gibt.

In jener Nacht ging ich auf die Straße und beobachtete
einen feurigen halben Globus, der über einem fernen Feld
zitterte. Er bewegte sich, er lebte. Es sah aus, als würde er
auf mich zurollen. Dann spürte ich so etwas wie Regen,

der meine Schultern streichelte. Dieser Regen war heiß. Am nächsten Morgen bemerkte ich, dass die Blätter einer alten Weide in der Nähe des Hauses gelb und geschrumpft waren. Der heiße Regen aus geschmolzener Erde hatte sie verbrannt. Aber das Feuer war bereits gelöscht.

Ein Teil der Hochdruck-Gasleitung verlief quer durch ein Kartoffelfeld. Nun waren alle Kartoffelpflanzen verbrannt. Eine knisternde glasige Kruste aus geschmolzenem Boden bedeckte die Oberfläche dieses Gemüse-Krematoriums. Als ich einen Schritt darauf machte, fiel mein Fuß durch die Kruste hindurch. Die Kartoffeln darunter waren gebacken. Kinder gruben sie tagelang aus.

Zwei oder drei laute Seifenblasen zerplatzen am Himmel und zerstieben die Erinnerungen. Sie sind so nah; es erscheint seltsam, dass nichts Tödliches auf unsere Köpfe regnet. Aber die Menschen sehen nicht besorgt aus: Manch große schreckliche Dinge sind so groß und schrecklich, dass wir keine angemessene emotionale Reaktion darauf haben.

Der Vorrat im Wasserautomaten ist mittlerweile aufgebraucht. Ich muss etwas unternehmen. Es gibt einige, die sagen, es dauere ein paar Tage, bis man verdurste.

»Im schlimmsten Fall«, meint jemand, »müssen wir Wasser aus den Pfützen trinken.« Das klingt lustig. Manche Leute lächeln.

ESSEN

24. Februar 2022

Es ist 6:30 Uhr morgens, 24. Februar 2022. Der nächstgelegene Supermarkt ist geöffnet. Ich trete ein. Drinnen sieht alles normal aus. Ich kaufe ein paar Päckchen Katzenfutter, ein paar Rollen Toilettenpapier und gehe zu dem Gang, in dem Konservendosen angeboten werden. Ich kaufe zehn Dosen Sardinen in Öl. Der Gang, in dem normalerweise Wasser verkauft wird, ist leer, aber zu meinem Glück bringt mir ein uniformierter Angestellter zwei 5-Liter-Flaschen. Ich nehme sie schnell mit. Jetzt kann ich an der Kasse bezahlen und nach Hause gehen, denke ich.

Doch tatsächlich windet sich die Schlange zur Kasse durch alle Gänge, und es scheint, als könnte sie bis hinter den Mond reichen, wenn sie gerade wäre. Nicht ohne Schwierigkeiten finde ich ihr Ende. Die Schlange bewegt sich in Schüben: Ich bleibe etwa eine Viertelstunde stehen, dann sprinte ich vorwärts, so schnell wie ein Regenwurm. Aus den Lautsprechern dröhnt fröhliche Musik, die seit gestern nicht mehr geändert wurde. Es ist besonders lustig, einige der gestrigen Durchsagen zu hören, wie »Liebe Kunden, aufgrund der COVID-19-Beschränkungen dürfen sich nicht mehr als zwanzig Personen gleichzeitig im Markt aufhalten«. Wen interessiert schon COVID-19? Was ist COVID-19 überhaupt?

Langsam gehe ich weiter und beobachte, wie sich die Lebensmittelregale leeren. Die Leute räumen alle Konserven weg. Einige naive alte Frauen drängen sich gegen den langsamen, aber stetigen Strom von Menschen, ziehen ihre Einkaufswagen hinter sich her, nur um vor den Brotregalen stehen zu bleiben, ihre Augen so weit aufzureißen wie ein Mädchen, das auf seinen ersten Kuss wartet, und zu fragen: »Gibt es noch Brot?« Die Antwort ist eindeutig: »Nein.«

Als ich an dem großen Fenster vorbeistapfe, sehe ich die Schlange vor dem Wasserautomaten. Erstaunlicherweise ist sie jetzt noch länger. Dann läuft eine grelle Blondine in engen Jeans vorbei. Alle Männer (es sind hauptsächlich Männer in der Schlange) drehen ihre Köpfe, um ihr mit Blicken zu folgen. Aber sie schauen nicht auf ihren wunderschönen Hintern, sondern auf die 5-Liter-Wasserflasche in ihrer Hand.

Ein Mann, der wie ein Betrunkener aussieht, drängt sich an mir vorbei zum Spirituosenregal.

»Hey, seht euch das an!«, sagt er. »Keiner greift zum Wodka!«

Doch tatsächlich tun es einige Leute. Sie schnappen sich drei oder vier oder fünf oder so viele Flaschen, wie sie halten können, und ich weise den Mann darauf hin. Er nickt, schnappt sich drei oder vier oder fünf oder so viele Flaschen, wie er tragen kann, und verschwindet. Etwa zwei Stunden später, als ich schon in der Nähe der Kasse bin, taucht er wieder auf, mittlerweile betrunken, und fängt an, Obszönitäten zu schreien, die er an Putin persönlich richtet. Er ist herrlich fantasievoll. Er ist ein Poet der Obszönitäten. Leider schreit er sie auf Russisch, und sie sind so unübersetzbar wie ein Orkan oder eine Lawine. Die meisten Leute in der Schlange nicken zustimmend. Tatsache ist, dass achtzig Prozent der Ukrainer Putin hassen, aber nicht viele von ihnen sind so wortgewandt. Jedenfalls nicht ohne eine Flasche Wodka.

Dann taucht meine Frau im Supermarkt auf und sagt, dass sie im Haus bereits kaltes Wasser aufgedreht hätten. Das Leitungswasser ist praktisch ungenießbar, aber besser als Wasser aus Pfützen. Sie teilt mir mit, dass das Internet funktioniere. Sie macht im Supermarkt die Runde und kauft ein paar Kleinigkeiten, die noch zu haben sind.

Morgen werden die Regale leer sein. Übrigens, einige Leute, die ich kenne, haben mir später erzählt, dass sie in den ersten beiden Kriegstagen gar nichts gegessen haben, weil sie nicht an Essen denken konnten.

DER PETSCHENIHY-SEE
24. Februar 2022

24. Februar 2022, der erste Tag des Krieges. Es ist Nachmittag. Die Bombardierung der Stadt ist lauter geworden. Die Menschen haben die Fenster zugeklebt, damit keine Glassplitter in die Zimmer fliegen. Alle Vorhänge sind zugezogen. Viele gehen in den Keller, wo behelfsmäßige Bunker eingerichtet wurden. Wir nicht. Wir sind an unsere Katzen gefesselt.

Wenn Sie glauben, dass es eine leichte Aufgabe sei, fünf lebhafte Katzen, die sich vor Ihnen in verschiedenen Ecken des Hauses verstecken wollen, zu fangen, sie in Rucksäcke zu packen und sie dann zusammen mit anderen notwendigen Dingen (Wasser, Kleidung, Essen) in den Keller zu schleppen, der bereits mit Menschen vollgestopft ist, dann liegen Sie falsch. Eindeutig falsch. Denn die Katzen schreien und kämpfen. Es sind schließlich Katzen, und sie haben das Recht, zu schreien und zu kämpfen, wenn jemand ihre Freiheit und Würde verletzt.

Die Menschen im Keller, die den Raum nicht mit schreienden und kämpfenden Katzen teilen wollen, haben ebenfalls das Recht, zu schreien und zu kämpfen. Also sitzen wir in dem engen Raum zwischen den Zimmern, gleich weit von allen Fenstern entfernt, und überlegen, ob wir in den behelfsmäßigen Luftschutzkeller gehen sollen oder nicht. Wir haben einen Laptop, und das Internet ist noch eingeschaltet. Dann erfahren wir, dass der Damm des Petschenihy-Sees gesprengt worden ist.

Der Petschenihy-See, auch Petschenihy-Reservoir oder sogar Petschenihy-Meer genannt, versorgt Charkiw mit frischem Trinkwasser. Er ist natürlich zu klein, um wirklich ein Meer genannt zu werden, er ist nur fünfundsiebzig Kilometer lang. Aber es ist eine Schande, dass der Damm, der das Wasser hält, zerstört wurde.

Ich erinnere mich gut an diesen Damm. Vor drei Jahren waren meine Frau und ich dort wandern und hielten kurz auf der Brücke an, um den Wasserfall zu bewundern. Damals wurden wir aufgehalten, weil einige Idioten, die den Damm bewachten, uns für Saboteure hielten.

»Seid ihr nun Saboteure oder nicht?«, fragten sie uns stirnrunzelnd.

»Natürlich nicht«, erwiderten wir.

»Dann verschwindet von hier. Wenn wir euch hier noch einmal sehen, werdet ihr für achtundvierzig Stunden festgesetzt«, sagten sie und ließen uns gehen. Das waren wirklich sehr leichtgläubige Sicherheitsbeamte, oder vielleicht war ihnen auch nur todlangweilig. Sie hatten seit dreißig Jahren keine echten Saboteure mehr gesehen, also hielten sie jeden an, der zufällig den Damm überquerte, und fragten ihn, ob er einer sei oder nicht. Das war schon sehr schlampig.

Wir verabschiedeten uns von ihnen und gingen in den sogenannten schwarzen Wald, das heißt in den Wald am Westufer des Sees. Er wird als schwarz bezeichnet, weil es dort kein Sonnenlicht gibt – kein Licht, keine Sandstrände und keine Menschen, die sich sonnen. Wir waren an diesem herrlichen Ort so allein, als wären wir die letzten Menschen auf dem Planeten. Wir gingen ins Wasser. Es war sehr seicht, und so liefen wir weiter und weiter, bis wir einige Hundert Meter vom Ufer entfernt im Schlamm steckenblieben. Dann hörten wir etwas Schreckliches hinter unserem Rücken.

Es war ein Düsenjäger, eine MiG oder eine Su. Der Petschenihy-See liegt zwischen zwei ruhigen, bewaldeten Hängen, und der Düsenjäger glitt den Hang hinunter und hielt sich dabei so niedrig, dass es schien, als hätte er die Baumwipfel streifen können. Dann stürzte er sich auf uns, wobei er sehr niedrig über dem Wasser blieb. Er flog knapp über unsere Köpfe hinweg, um dann in den Himmel aufzusteigen, wo er alle denkbaren und auch undenkbaren Kunstflugmanöver vorführte. Der Pilot übte und spielte gleichzeitig mit uns, und nein, *er* war nicht schlampig. In diesem Moment wurde mir klar, dass kein Feind jemals eine Chance haben würde, die Ukraine zu besiegen.

Nicht wegen der Düsenjäger, sondern wegen der Menschen.

MENSCHEN
24. Februar 2022

Die Menschen in der Ukraine sind wirklich einzigartig. Ich sage das nicht, weil ich ein Patriot bin. In Zeiten wie diesen werden sogar Steine patriotisch. Sogar der Himmel wünscht sich, die Köpfe der Invasoren zu zertreten. Und auch die Wolken würden sich gerne in Giftgas verwandeln und sie ersticken. Ich bin nicht patriotischer als die Steine, der Himmel oder die Wolken, aber auch nicht weniger patriotisch. Die Ukrainer sind einzigartig, denn sie sind wahrscheinlich das idealistischste und freiheitsliebendste Volk der Welt.

Man nehme meinen Nachbarn zum Beispiel. Er ist schon über sechzig und nicht mehr ganz fit. Eines Tages wurde er auf einer Treppe von einem jungen, kräftigen Idioten hart gestoßen. Mein Nachbar ging nach Hause und holte, ich weiß nicht mehr genau was, wahrscheinlich einen Hammer. Er wollte den Mann umbringen. Es war nicht leicht, ihn aufzuhalten.

»Du wirst für den Rest deines Lebens im Gefängnis verrotten, wenn du das tust«, sagte ich zu ihm.

»Na und?«, erwiderte er. »Das ist mir egal. Es ist mir völlig egal.« Und es war ihm wirklich egal.

Man könnte meinen, mein Nachbar sei ein asozialer Mensch, ein Psychopath oder einfach nur ein Vollidiot. Weit gefehlt. Er ist ein Künstler, ein Maler, der sein ganzes Leben dem Malen von Bildern gewidmet hat, die er nie zu verkaufen versucht hat. Manchmal verschenkt er sie. Er ist eine

Art van Gogh, der sich noch kein Ohr abgeschnitten hat. Er würde es bestimmt tun, wenn er das Gefühl hätte, dass es für seine Kunst notwendig wäre.

Wenn es im Frühjahr warm wird, lässt er sich einen Bart wachsen, nimmt ein kleines, aufblasbares Gummiboot, das ich ihm vor vielen Jahren geschenkt habe, und verlässt die Stadt für drei oder vier Monate zum Fischen. Er baut ein Zelt am Ufer eines Sees auf, malt dort unter freiem Himmel seine Bilder und angelt im See. Er fängt eine Menge guter Fische, die er an andere Leute verkaufen könnte, die sich am See erholen, aber er verschenkt einfach jeden Fisch. Er schenkt den Leuten auch seine Bilder. Wenn die Leute ihn bitten, ein Porträt von ihnen zu malen, malt er etwas anderes. Und wenn sie ihn bitten, etwas anderes zu malen, malt er ein Porträt von ihnen. Er ist so frei wie ein Vogel. Die Leute nennen ihn einen Muslim, weil er einen Bart trägt und sonnengebräunt ist.

Eines Tages besuchte ich ihn in seinem improvisierten Lager am See.

»Willst du, dass ich etwas aus der Natur male?«, fragte er mich.

»Ja«, sagte ich, und er begann zu malen. Zuerst konnte ich nicht verstehen, was ich auf seinem Bild sah. Er schaute auf den hellblauen See, die grünen Büsche und die blendende Sonne, aber er benutzte nur schwarze und graue Farbtöne, vielleicht mit ein bisschen Rot. Dann sah ich, dass er in Wirklichkeit einen Winterwald und ein Rotkehlchen malte, das auf einem gefrorenen, mit Frost überzogenen Ast saß.

Solche Leute kann man nicht besiegen. Eines Tages näherten sich ein paar Schläger seinem Zelt und befahlen ihm, sich zu verziehen, da dieser Ort ihrer Meinung nach ihnen gehörte. Er nahm eine Axt in die Hand und sagte: »Warum versucht ihr nicht, mich zum Gehen zu bewegen?«

Und als die Schläger ihm in die Augen sahen, wurde ihnen klar, dass sie ihn niemals hätten zum Gehen bringen können. Also verschwanden sie selbst.

Das ist der Grund, warum achtzig Prozent von uns Putin hassen und verachten. Nicht, weil er ein Mörder ist. Es ist einfach erwiesen, dass in den über zwanzig Jahren seiner Herrschaft keiner seiner Feinde und Gegner eines natürlichen Todes gestorben ist. Das ist eine simple und leicht überprüfbare Tatsache. Und auch nicht, weil er einen Teil des ukrainischen Territoriums gestohlen hat. Sondern vor allem, weil er ein bulliger Schläger ist, der mit einem dreckigen Grinsen auf dich zukommt und dir Befehle gibt, was du tun oder lassen sollst. Das können wir Ukrainer nicht ausstehen.

Wenn jemand versucht, sie ihres Rechts zu berauben, einen Winterwald zu malen, wenn sie auf einen Sommersee schauen, nehmen Ukrainer eine Axt in die Hand. Und es ist ihnen egal, ob sie dafür geschlagen werden oder nicht, ob sie dafür ins Gefängnis kommen oder nicht, ob sie getötet werden oder nicht. Sie kämpfen für ihr Recht, frei zu sein, egal was passiert. Putin wird das nie verstehen, er ist zu einfältig. Um das zu verstehen, sollte man ein bisschen van Gogh in der Seele haben.

Was ist mit den anderen zwanzig Prozent, denen es nichts ausmacht, Putin um sich zu haben? Ein Teil von ihnen ist vom russischen Fernsehen vergiftet, das so tödlich ist wie konzentrierte Abgase. Der andere Teil spricht Russisch und hegt einen Groll gegen die ukrainische Regierung, weil sie ihnen nicht erlaubt, ihre eigene Sprache und Kultur wirklich zu lieben. Die ukrainische Regierung hat nicht immer recht, aber sie ist eine Million Mal besser als jeder Putin.

Am 24. Februar tat der ukrainische Marineinfanterist Witalij Skakun das Idealistischste und Freiheitsliebendste auf der Welt: Er sprengte die Henitschesk-Brücke und mit ihr sich selbst in die Luft, um die Russen aufzuhalten.

Frag nicht, für wen die Glocke läutet; sie läutet für dich.

DIE PIPELINE
27. Februar 2022

27. Februar 2022, kurz nach Mitternacht.

Wir wachen auf, weil wir Explosionen hören. Die Fensterscheiben klappern. Irgendwo geht ein Autoalarm los. Doch wir gehen nicht in den Luftschutzkeller. Wir haben uns an die Bombardierungen und Artillerieangriffe gewöhnt. Wenn die Explosionen zu laut werden, drehen wir den Pegel unseres Laptops auf und schauen uns Videos an. Jetzt sehen wir Dr. Komarowskyj, einen berühmten TV-Kinderarzt, der seit dreißig Jahren Menschen in der Ukraine und in Russland simple Dinge darüber beibringt, wie man Kinder gesund und glücklich erzieht.

Dr. Komarowskyj ist verzweifelt. Er sagt, dass niemand mehr gesunde und glückliche Kinder brauche und dass die Arbeit seines ganzen Lebens den Bach hinuntergehe. Er ist den Tränen nahe. Er benutzt sogar obszöne Worte, aber nicht so gekonnt wie der Betrunkene, den ich drei Tage zuvor im Supermarkt gesehen habe. Wahrscheinlich, weil Dr. Komarowskyj nicht betrunken ist. Von Zeit zu Zeit trinkt er Mineralwasser aus einer Plastikflasche. Mineralwasser ist gut für die Gesundheit.

Diejenigen, die sich nicht in Luftschutzkellern verstecken, haben gelernt, sich auf andere Weise die Zeit zu vertreiben. Wir sehen uns Videos an. Eine unserer Nachbarinnen, dieselbe Frau, die ihren Augen und Ohren nicht traute, als sie die ersten Artilleriegeräusche hörte und die erste Feuersbrunst sah, hat nun ihren eigenen Weg gefunden, mit dem Stress umzugehen. Wenn die Explosionen zu laut werden, als dass man sie ertragen könnte, schaltet sie die volle Dröhnung Heavy Metal ein, eine Platte mit einer Sammlung der besten Songs, und hört sich das an.

Sie hört wahnsinnig lauten Heavy Metal, steht vor dem Fenster im zwölften Stock, die Vorhänge aufgezogen, und beobachtet das Panorama der Explosionen oder der feurigen Raketen und Flugkörper, die den Himmel durchkreuzen. Wahrscheinlich sieht sie aus wie einst Nero, als er den großen Brand von Rom beobachtete. Die Heavy-Metal-Musik gibt dem Ganzen einen gewissen Sinn. Wir können nicht einmal die einfachsten Dinge tun, ohne ihnen einen Sinn zu geben. Wenn alle Dinge sinnlos werden, pfeffern wir sie mit unserem eigenen Sinn, um weiterleben zu können. Wir drehen Heavy Metal auf volle Lautstärke.

Nach dreißig Minuten sind die Explosionen vorbei. Ich nähere mich dem Nordfenster unserer Wohnung und ziehe den Vorhang auf. Die Stadt ist dunkel unter den Sternen, so dunkel wie der Grund des tiefsten Meeres. Die massiven Gebäude sind nur noch schwarze Umrisse mit löchrigen Fenstern. Hinter der zerklüfteten Linie der Dächer ist ein orangefarbenes Leuchten zu sehen, das gleiche, das ich viele Jahre zuvor gesehen habe. Es ist eine feurige Halbkugel, die sich bewegt, atmet und lebt. Es sieht auch jetzt aus, als ob sie auf mich zurollt, wie eine Atomexplosion, aber ich weiß, dass es sich um eine geplatzte Hochdruck-Gasleitung handelt und dass die Menschen, die nicht weit davon entfernt wohnen, das orangerote, fast fotolaborartige Licht sehen, das so hell ist, dass sie Tag und Nacht nicht unterscheiden können.

Ich nähere mich dem Südfenster und schaue hinaus.

Nichts. Nur die Stadt, die sich so dunkel wie der Grund des tiefsten Meeres erstreckt.

Eine Stunde später schaue ich wieder durch das Nordfenster. Das Feuer ist erloschen. Die Nacht ist so klar wie die Tränen eines Gottes. Ich kann Kassiopeia und Kepheus sehen. Andromeda befindet sich genau über der Stelle, an der vor kurzem das Gas verbrannt ist. So viele Sterne. Mir wird klar, dass ich noch nie in meinem Leben so viele Sterne über der Stadt gesehen habe, weil die Lichter der Menschen das Licht von oben blockiert haben. Jetzt wird mir klar, wie falsch und sogar schmerzhaft das war. Immanuel Kant schrieb einmal: »Zwei Dinge erfüllen das Gemüth mit immer neuer und zunehmender Bewunderung und Ehrfurcht, je öfter und anhaltender sich das Nachdenken damit beschäftigt: Der bestirnte Himmel über mir und das moralische Gesetz in mir.« Ich habe mein moralisches Gesetz immer in mir getragen, aber jetzt weiß ich, dass ich den Sternenhimmel über mir vermisst habe.

Wenn ich durch das Südfenster schaue, sehe ich wieder die Sternenkuppel, aber jetzt kann ich die Sternbilder nicht mehr erkennen. Dafür sieht der Schnee fluoreszierend aus in ihrem Licht.

Am frühen Morgen, nur wenige Stunden später, werden russische Truppen und gepanzerte Fahrzeuge in die Stadt eindringen.

SOLDATEN IN DER STADT
27. Februar 2022

Ein Freund von mir ruft an und fragt: »Kannst du schon die Panzer sehen?«

»Welche Panzer?«, frage ich. »Wo?«

»Unter deinen Fenstern. Die Panzer stehen schon auf dem Schasmynowyj-Boulevard«, sagt er.

Ich wohne am Schasmynowyj-Boulevard, einer kurzen, ruhigen Straße, deren Name mit »Boulevard der Jasmine« übersetzt wird. Das Wort Boulevard bezeichnet »eine breite Straße oder Promenade mit Baumreihen«, aber ursprünglich bedeutete es »Oberseite eines militärischen Walls« oder »Befestigungsmauer«.

Mit der Zeit, so glaube ich, wurden die Verrückten oder Höhlenmenschen, die gerne Kriege führten und andere Dummheiten begingen, seltener, und so wurden die Wälle und Festungsmauern mit schönen Bäumen, Blumen und Jasminsträuchern gesäumt. Dann lösten sich die militärischen Befestigungen auf und hinterließen neue Reihen von Bäumen, Blumen und Jasminsträuchern. Und das Gefühl von Frieden und Harmonie durchdrang die alten Straßen, die Boulevards. Das Gefühl von Weisheit und gegenseitigem Verständnis.

Genau das ist meine Straße: ein perfekter Boulevard der Jasmine. Im Winter sieht er etwas trostlos aus, aber wenn die Tage wärmer werden, füllt er sich mit Kinderstimmen und Kinderlachen, mit Vogelgezwitscher, mit Musik, die auf einer glänzenden goldenen Trompete gespielt wird. Die Leute lieben diese Musik und sagen, dass sich die Melodien niemals wiederholen. Ich weiß es besser, denn der Trompeter hat seinen Lieblingsplatz nicht weit von meinen Fenstern entfernt, und in den Frühlings- und Sommermonaten kann ich vom späten Nachmittag bis um Mitternacht immer wieder dieselben fünfzig oder sechzig Melodien hören, wie in einer großen Schlaufe. Es ist ein akustisches Paradies. Und jetzt – die Panzer.

Wenn ich aus dem Fenster schaue, sehe ich allerdings keine Panzer. Der schneebedeckte Boulevard sieht nicht lebendiger aus als eine verhüllte Leiche in einer Leichenhalle. Aber noch keine Panzer. Gott sei Dank, keine Panzer.

Dann ruft meine Tochter an, die am anderen Ende der Stadt wohnt. »Ich habe gerade einen Panzer gesehen, der abgehauen ist«, sagt sie.

»Woher weißt du, dass er abgehauen ist?«, frage ich.

»Weil er abgehauen ist«, antwortet sie schlicht und einfach.

Ein anderer Freund von mir sagt, er habe drei Raketen über sein Haus zischen sehen; sie flogen von Westen nach Osten und hinterließen eine Rauchspur. Dann gibt es lokale Nachrichten und Videos, die darüber informieren, dass Angreifer im Zentrum, im Wasserpark, überall gesichtet wurden. Sie weiten ihre Kreise aus, wie Öl, das auf Papier gegossen wird. Ich meine, wir sind ein Blatt Papier, und jemand beträufelt es mit dem giftigen Öl der russischen Truppen.

Ich sehe in den Videos hauptsächlich zwei sich wiederholende Muster. Entweder bewegen sich die gepanzerten Militärfahrzeuge vorwärts, und grüne Soldaten, die lustig aussehen, wie Plastikspielzeug, laufen mit Maschinengewehren hinter ihnen her. Oder man sieht die gleichen Figuren, aber jetzt haben sich die Angreifer im Straßengewirr der Stadt verirrt; sie sind stehen geblieben und wissen nicht, was sie tun sollen. Sie sehen wirklich schlampig, aber entspannt aus. Sie wissen nicht, was auf sie zukommt.

Dann beginnen die Kämpfe, und die Eindringlinge rennen los wie Kakerlaken, die mit Insektizid übergossen wurden. Die gepanzerten Fahrzeuge brennen, die Soldaten zerstreuen sich. Sie versuchen, in den Häusern der Einheimischen Schutz zu finden, aber niemand öffnet ihnen die Tür. Im Gegenteil, die Menschen filmen sie mit ihren Handys und geben die Informationen an unsere Leute weiter. Die Eindringlinge werden durch die Stadt gejagt wie Guy Montag aus »Fahrenheit 451«. Es dauert sehr lange, bis sie sterben.

Am Ende des Tages versucht eine große Gruppe von Saboteuren, mehr als zwanzig an der Zahl, sich in einem Schulgebäude zu verstecken. Es ist die Schule Nummer 134. Später verbrennen die armen Kerle zusammen mit dem Schulgebäude. In den Taschen ihrer angesengten Kleider befinden sich Quittungen von örtlichen Supermärkten.

Nicht alle Russen sterben. Ein weinendes großes Kind wurde heute gefangen genommen und verhört. Als der Soldat wütend aufgefordert wird, seinen Namen zu nennen, sagt er einfach »Dima«.

Dima ist eine Verkleinerungs- oder Koseform von Dmitryj. Der Name bedeutet »starker Kämpfer«. Ich hoffe, der starke Kämpfer wird leben, egal was für ein Narr oder Ungeheuer er ist.

An diesem Tag sind die Saatkrähen aus dem Winterquartier zurückgekehrt, und die Straßen füllen sich mit ihrem hungrigen Gekrächze.

In den Supermärkten gibt es nichts mehr zu essen, aber wir haben noch einen beträchtlichen Vorrat an Kartoffeln und ein richtig großes Ei im Kühlschrank.

HASS

28. Februar 2022

Heute ist der letzte Tag des langen Winters. Die Leute haben einen Plünderer auf der Straße gefangen und ihn mit Klebeband an einem Telefonmast festgebunden. Er hängt da gut.

Meine Nachbarin, die im zwölften Stock wohnt, ist den Tränen nahe. Sie hat mit einem langjährigen Freund in Russland telefoniert und sagt, er sei immer ein vernünftiger Mensch gewesen. Jetzt sei dieser vernünftige Mensch aus Russland voller Zorn. Er habe gesagt, um es milde auszudrücken, dass alle Ukrainer sterben sollten, und so viele hasserfüllte Worte ausgestoßen, dass sie zusammengenommen einen möglichen Fall für das Haager Tribunal darstellen würden.

»Aber warum müssen wir alle sterben?«, fragt sich der Mann meiner Nachbarin. »Wozu?« Keine Erklärung. Wir müssen sterben, einfach so.

Ein anderer Mann, der aus Costa Rica anrief, hat gesagt, er hasse alle Ukrainer, weil sie alle Nazis seien.

Ist das wahr? Sind wir das?

Es gibt durchaus so etwas wie einen fanatischen »ukrainischen Nationalismus«, aber das ist nicht der Nationalismus der Ukrainer. Weit gefehlt. Der fanatische »ukrainische Nationalismus« ist nur eine kannibalistische theoretische Konstruktion, die die ukrainische Nation an die Spitze der gesamten Pyramide der Nationen stellt. Am unteren Ende dieser

Pyramide befinden sich Russen, Juden und wahrscheinlich Chinesen. Nach dieser Theorie sind sie bloße Untermenschen.

Andererseits haben die Ukrainer bei den freien und transparenten Wahlen im Jahr 2014 einen Juden, Poroschenko, zu ihrem Präsidenten gewählt. Bei den freien und transparenten Wahlen im Jahr 2019 wählten die Ukrainer – können Sie das glauben? – einen russischsprachigen Juden. Das bedeutet, dass der theoretische »ukrainische Nationalismus« in meinem Land ungefähr so viele Anhänger hat wie, sagen wir, der theoretische Zoroastrismus. Gleichzeitig betrachten viele Menschen in verschiedenen Ländern die Ukrainer als Nationalisten. Ich frage mich manchmal, warum.

Ich denke, dass frühere Präsidenten und andere Persönlichkeiten aus der Politik daran schuld sind. Sie haben den Nationalismus jahrzehntelang als Vehikel benutzt, um ihren politischen Unfug zu verbreiten. Nun, Gott soll ihr Richter sein. Der andere Grund ist die ununterbrochene mentale Vergiftung der Menschen der Welt mit dem Gestank von Putins Ideen.

Ich stand früher mit vielen Schriftstellern und Dichtern aus Russland in Kontakt. Die ersten Anzeichen für Probleme bemerkte ich vor etwa zehn Jahren, als einige von ihnen anfingen, Josef Stalin und seine Taten zu loben. Ich konnte das nicht begreifen. Sie alle waren gebildete Menschen mit festen humanistischen Idealen und universellen menschlichen Werten, die Liebe, Wahrheit, Frieden und Gewaltlosigkeit hochhielten. Wie konnten sie so etwas sagen?

Als ich versuchte, sie daran zu erinnern, wer Josef Stalin war, machten sie sich nicht die Mühe, mir zu antworten. Sie hielten mich für einen geistig gestörten Menschen, der wahrscheinlich einige Verwandte hatte, die in der Vergangenheit von Stalin und den Stalinisten unterdrückt worden waren. Ein klinischer Fall von unheilbarer traumatischer Psychose.

Manchmal, wenn ich einen echten Nationalisten treffe, einen seltenen, aber bunten Vogel, stellt er mir eine dumme Frage, so zum Beispiel: »Wenn Sie doch wissen, dass Putin Russisch spricht, wie können *Sie* dann weiterhin Russisch sprechen?«

Ich beantworte die Frage mit einer Gegenfrage: »Angenommen, Putin lernt Ukrainisch, würden Sie dann Ihre geliebte Muttersprache aufgeben? Nein? Warum sollte ich es dann tun?«

Heute überfallen Plünderer überall in der Stadt Kioske und Minimärkte. Sie nehmen vor allem Zigaretten mit. Viele Wohnungen werden von ihren Besitzern verlassen. Die Einbrecher kleben gefälschte Anzeigen auf die Schlüssellöcher. Wenn niemand sie abreißt, wissen sie, dass die Wohnung verlassen ist, und können sie ausrauben.

Die Ausgangssperre, die früher um 20 Uhr begann, fängt jetzt schon um 15 Uhr an.

Alle Menschen hassen die Invasoren, sprechen aber weiterhin Russisch. Nur wenige haben ihre Muttersprache, Russisch, aufgegeben, weil es ein unbedeutender historischer Zufall ist, dass jemand in einem Zimmer des Kreml ebenfalls Russisch spricht.

Niemand ist durch Putins Aggression nationalistischer geworden, denn Nationalismus und Putinismus sind keine Gegensätze. Sie sind zwei Formen der gleichen Sache, nur anders gekleidet. Das Gegenteil von beidem sind universelle Werte: Liebe, Wahrheit, Frieden und Gewaltlosigkeit.

Letztere sogar inmitten des blutigen Krieges: Einige Frauen etwa, so wurde uns in diesen Tagen erzählt, haben zwei weinende achtzehnjährige Jungen aus einem russischen Panzerfahrzeug gezogen, sie zunächst heftig beschimpft und dann gehen gelassen. Ich weiß nicht, ob sie das Richtige getan haben, aber Gott segne ihre Seelen. Sie sind echte Ukrainerinnen.

RADIOAKTIVES JOD
28. Februar 2022

Jeder kennt das Wort Tschernobyl. Ja, Tschernobyl liegt in meinem Land.

Als sich die Katastrophe von Tschernobyl im April 1986 ereignete, konnte ich es zuerst nicht glauben.

»Ach, weißt du, gestern ist ein Atomreaktor explodiert«, sagte meine Mutter damals.

»Nein, das ist unmöglich«, antwortete ich. »Kernreaktoren explodieren nie.«

Ich konnte es nicht begreifen. Es war für jeden unbegreiflich. Einige Zeit später sah ich zufällig ein altes Propagandaplakat. Darauf war zu lesen, dass das Tschernobyl-Kraftwerk früher als geplant gebaut werden würde, zeitlich abgestimmt auf einen KPdSU-Kongress oder eine Konferenz. Das ließ mich dann doch glauben, dass die Katastrophe wirklich stattgefunden hatte. Alles, was vor dem Zeitplan fertiggestellt wird, ist anfällig dafür zu explodieren, Feuer zu fangen oder sich aufzulösen.

»Zwischen dem Namen der Blume und ihrem Duft gibt es eine mystische, aber starke Verbindung«, schrieb ein russischer Dichter vor hundert Jahren. Ich kann ein paar Beispiele dafür nennen, wie sich dieser interessante Gedanke zu manifestieren scheint.

Der Name des ukrainischen Kernkraftwerks Tschernobyl taucht im 8. Kapitel der Offenbarung auf: »Und der dritte Engel blies seine Posaune; und es fiel ein großer Stern vom

Himmel, der brannte wie eine Fackel und fiel auf den dritten Teil der Wasserströme und auf die Wasserquellen; und der Name des Sterns heißt Wermut.«

Wermut. Auf Ukrainisch bedeutet »Tschernobyl« »Wermut«. Sie haben wahrscheinlich schon davon gehört. Aber es gibt noch einen anderen Zufall.

»Tscherno« bedeutet »schwarz«. »Byl« bedeutet »wahre Geschichte«. Tschernobyl bedeutet also »schwarze, aber wahre Geschichte«. Magie der Namen.

Vor ein paar Tagen wurde Tschernobyl von russischen Truppen eingenommen. Es ist eine weitere sehr schwarze und sehr wahre Geschichte. In der Ukraine gibt es, wenn ich mich nicht irre, fünfzehn Kernkraftwerke, was fünfzehn mögliche nukleare Katastrophen bedeutet.

Eine russische Frau erklärt in ihren Kommentaren zu einem YouTube-Video, warum russische Raketen und Flugkörper Kindergärten, Krankenhäuser und Wohngebäude treffen.

»Was wollt ihr?«, schreibt sie. »Es ist schließlich ein Krieg. Raketen können nicht mit absoluter Präzision treffen.«

»Oh, heilige Einfalt!«, soll der Reformator Jan Hus, ein Mann mit großen, klugen Augen, gesagt haben, als er auf dem Scheiterhaufen verbrannt wurde und eine alte Frau sah, die etwas Holz ins Feuer legte. O sancta simplicitas!

Ja, es ist ein Krieg, und Raketen können nicht mit absoluter Präzision treffen. Deshalb suchen wir alle nach Jod. Wenn ein Atomreaktor explodiert, besteht die größte Gefahr im radioaktiven Jod, das die Luft, das Wasser und alles andere verseucht. Es kann in die Lunge eingeatmet werden. Nachdem es in den Körper gelangt ist, wird es von der Schilddrüse schnell absorbiert. Wenn man jedoch zur richtigen

Zeit vierzig Tropfen gewöhnliches Jod schluckt, absorbiert die Schilddrüse das gewöhnliche Jod und ist nicht mehr in der Lage, weiteres aufzunehmen, sodass man geschützt ist.

Es heißt, dass man die vierzig Tropfen Jod in Wasser oder Milch geben, umrühren und dann trinken soll. Das Gebräu soll schrecklich schmecken, aber es könnte einem das Leben retten. Oder vielleicht auch nicht.

Gestern hat Putin sein Militär angewiesen, die russischen Atomstreitkräfte in höchste Alarmbereitschaft zu versetzen, um »unfreundliche Schritte« zu verhindern. Zunächst waren alle schockiert. Dann begannen die Leute, Informationen darüber auszutauschen, ob das gewöhnliche Jod bei einer Atomexplosion helfen kann oder nicht. Die meisten sind sich einig, dass es nicht helfen wird. Aber trotzdem horten wir Jod, nur für den Fall, dass Putin »unfreundliche Schritte« unternimmt. Ich glaube, die Menschen in Europa, in einem Teil Asiens und in Nordafrika sollten das auch tun. Nur für den Fall. Und die Menschen in Russland? Auf jeden Fall.

Heute schlugen einige Raketen im Zoo ein, und viele Tiere wurden getötet. Wölfe sind entkommen und treiben sich nun in der Stadt herum.

Der Brotpreis hat sich vervierfacht, aber diese Nachricht ist unwichtig, weil es in den Geschäften kein Brot gibt.

Heute gehe ich los, um Kartoffeln zu holen, die wir im Keller aufbewahren. Es ist der letzte Tag des Winters, der Schnee ist fast geschmolzen, und ich kann die ersten winzigen Tulpensprösslinge sehen. Es ist noch zu kalt, was denken sie? Was erhoffen sie sich?

DIE GROSSE BOMBARDIERUNG

28. Februar 2022

Ich bin draußen, als das große Bombardement beginnt. Ich hole gerade einen Sack Kartoffeln aus unserem Außenkeller. Die Straße ist nicht ganz leer. Ein Mann mit einem hageren, emotionslosen Gesicht geht vorbei und spricht mit seinem Smartphone, als würde er es abwimmeln. Etwas weiter weg überreicht ein anderer Mann mit emotionslosem Gesicht einer molligen Frau mit ebenso emotionslosem Gesicht ein Glas Gurken. Keiner von ihnen beachtet den Sack Kartoffeln, den ich auf der Schulter trage, was gut ist – noch haben die Menschen keinen Hunger, obwohl die Lebensmittelknappheit bereits spürbar ist.

Dann lässt ein lauter Knall über meinem Kopf meine Zähne klappern. Ich weiß noch nicht, dass das große Bombardement begonnen hat, aber durchaus, dass jede Explosion jemanden das Leben kostet. Wie kann ich sicher sein, dass diese Bombe oder Rakete nicht jemanden getötet hat, den ich kenne? Einen meiner Freunde, einen Verwandten? Einer dieser Freunde, ein Mann, den ich seit dreißig Jahren kenne, geht seit Tagen nicht mehr ans Telefon. Es gab einst die große Bombardierung von Dresden, die große Bombardierung von Tokio, die großen Bombenangriffe auf Rotterdam und Hanoi. Jetzt gibt es die große Bombardierung von Charkiw.

Heute haben die Bomben und Raketen nur knapp das Haus verfehlt, in dem meine Eltern gelebt haben. Es ist auch mein Haus, Bolschaja-Kolzewaja-Straße 116, ein hohes neues Gebäude am östlichen Rand der Stadt. Ein braunes zwischen weißen und grauen Hochhäusern. Auf der anderen Straßenseite gibt es mehrere andere hohe Neubauten. Drei von ihnen wurden heute von russischen Raketen zerstört. Nicht gänzlich, aber die oberen Stockwerke wurden weggesprengt. Einige Räume sind verschwunden. Andere blieben fast unversehrt.

Eine Rakete, die die Decke durchschlug, blieb im Boden stecken. Aus dem Loch darüber tropft Wasser auf sie. Es liegen Staub und Schutt herum, aber alles in allem sieht der durchlöcherte Raum mit den geblümten Tapeten noch gemütlich genug aus. Hier hat einmal jemand gewohnt. Jemand hat diesen Ort geliebt. Jemand hatte vor, hier zu sterben, an Altersschwäche natürlich, viele, viele Jahre später. Kein Blut in der Nähe: Ich hoffe, jemand hatte enormes Glück. Ich hoffe, jemand hat diesen Ort vorzeitig verlassen und einen Unterschlupf in einer der Stationen der Charkiwer Metro gefunden, wo Tausende von Menschen seit Tagen auf Teppichen und Kissen sitzen.

Aber jemand anderes hatte nicht so viel Glück. Eine Rakete schlug in eine Gruppe geparkter Autos ein.

Drei Kinder und zwei Erwachsene, die in einem der Autos saßen, verbrannten.

Sie hatten vermutlich versucht, aus der Stadt zu fliehen. Drei Kinder und zwei Erwachsene sind verbrannt. Ich wiederhole es noch einmal: Drei Kinder und zwei Erwachsene sind verbrannt. Sie waren wahrscheinlich eine glückliche Familie. Familien, die drei Kinder, ein Auto und eine Wohnung in einem neuen Hochhaus haben, sind meistens glücklich.

Nach dem, was gestern passiert ist, erwarten die russischen Truppen nicht länger, dass die Zivilbevölkerung sie mit Blumen, Brot und Salz empfängt. Ihnen sind die Augen aufgegangen. Die russischen Soldaten fühlen sich in ihren Hoffnungen enttäuscht und beginnen mit der systematischen Ausrottung dieser dummen, undankbaren Zivilisten, die ihre Besetzung nicht richtig würdigen konnten.

Die schlimmsten Serienmörder der Geschichte sind:

Jack the Ripper, der nur fünf Opfer hatte.

Jeffrey Dahmer, der siebzehn Menschen tötete.

John Wayne Gacy mit seinen dreiunddreißig Morden.

Pedro López, der mehr als dreihundert Menschen tötete.

Der, der uns jetzt tötet, hat bereits Hunderte oder Tausende von Menschen abgeschlachtet.

Die Bombardierung geht am nächsten Tag weiter. Das Zentrum der Stadt wird mit Bomben und Marschflugkörpern vom Typ Kalibr zerstört. Das Rathaus, das Opernhaus, die Philharmonie. Der größte Platz in Europa, der Freiheitsplatz von Charkiw, ist mit Trümmern übersät. Jetzt ähnelt er den alten Fotos des Platzes, auf dem der Tunguska-Meteorit einschlug. Die Holzbänke im riesigen Schewtschenko-Park sind zu Splittern zerfallen. Noch vor einem Monat war dort jeder Baum in glitzernde Lichter gehüllt, und der Park sah aus wie ein magischer Garten oder ein Ort aus einem Traum.

DIE KUNST DER SELBSTORGANISATION
1. März 2022

Meine Tochter, die am anderen Ende der Stadt wohnt, ruft an.

»Ich habe gerade eine Rakete gesehen«, sagt sie. »Sie flog über uns hinweg, warf eine Bombe ab und kehrte dann um.«

»Das war keine Rakete«, erkläre ich. »Es war ein Kampfflugzeug.«

Heute haben die Menschen einen weiteren Plünderer auf der Straße erwischt. Der Mann schlug ein Schaufenster ein und versuchte, ein paar Plastikflaschen Bier zu stehlen. Die Leute zwangen ihn, sich hinzuknien, gaben ihm ein Blatt Papier mit der Aufschrift »Ich bin ein Plünderer« und machten Fotos von ihm. Sie luden sie im Internet hoch. Dann banden sie ihn mit Klebeband an einen Lichtmast in einer Position, die auf Geschlechtsverkehr mit dem Mast schließen lässt. Diese neue Strafe heißt nun »Den Mast küssen«.

Der Plünderer hat ein breites Gesicht, dem keine Anzeichen von Intelligenz anhaften, und dicke Lippen, die manche Mädchen gut zum Küssen finden könnten. Ich hoffe, dass diese Lippen nach einigen Schlägen, die er erhalten hat, geschwollen sind.

Die Menschen sind so kreativ. Sie basteln Molotowcocktails, fahren ganz nah an einen Panzer heran, werfen ihre Molotows auf ihn und machen sich schnell wieder davon. Gestern versammelte sich eine Gruppe von ihnen auf der Straße, ging auf einen Panzer zu und brachte ihn dazu zurückzusetzen. Einige andere sahen einen Panzer mit einer offenen Luke, kletterten auf ihn und warfen eine Menge brennender Lappen durch die Luke.

Ich glaube, es war Michelangelo, der herausfand, wie man Stadtmauern während einer Belagerung mit Matratzen schützen kann. Wenn eine Kanonenkugel eine lose hängende Matratze traf, schwang diese einfach an den Seilen, und die Kanonenkugel fiel hinunter. Die Menschen in Charkiw machen das Gleiche. Sie hängen Matratzen an ihre Fenster. Wenn die Druckwelle den Fensterrahmen aus der Wand reißt, schwingt die Matratze einfach an den Seilen und dämpft den Schlag.

Die Russen betrachten diesen Krieg immer noch als ein Schachspiel. Sie glauben, dass es darum geht, den Gegner schachmatt zu setzen, das heißt, in Kiew einzumarschieren, Selenskyj gefangen zu nehmen, ihn zu töten oder zu foltern. Was sie nicht verstehen, ist, dass das, selbst wenn es ihnen gelänge, nichts ändern würde. Die Ukrainer brauchen weder den König noch die Königin, um das Schachspiel fortzusetzen. Normalerweise machen sie ihre Revolutionen ohne Anführer.

Ich erinnere mich an die ukrainische Revolution von 2004. Zunächst gab es keine Anzeichen für Probleme. Dann, eines Tages, entdeckte ich Plakate mit dem Gesicht eines Mannes, den ich nie zuvor gesehen hatte. Unter seinem Gesicht stand geschrieben: »Ihre Wahl ist Wiktor Janukowytsch.« Oder: »Charkiw wählt Janukowytsch.«

Sofort wusste ich, dass ich niemals für diesen Mann stimmen würde, egal wer er war. Selbst wenn er ein neuer Jesus oder Abraham Lincoln oder Mutter Teresa oder alle zusammen wäre, würde ich niemals für ihn stimmen. Denn

»meine Wahl« war ja bereits ohne mich getroffen worden. Ukrainer sind meist Menschen, die ein Porträt malen, wenn sie gebeten werden, etwas anderes zu malen, und die etwas anderes malen, wenn sie gebeten werden, ein Porträt zu malen. Und sie werden für ihr Recht, dies zu tun, sterben.

Wissen Sie, wenn auf dem Plakat gestanden hätte: »Unsere Wahl ist Wiktor Janukowytsch« oder »Meine Wahl ist Wiktor Janukowytsch« oder so ähnlich, hätte ich es nicht beachtet, aber »Ihre Wahl ist Wiktor Janukowytsch« war ein Todeskuss.

Ich glaube, dass Millionen von Menschen das Gleiche dachten, denn unmittelbar nach Bekanntgabe des Ergebnisses der gefälschten Wahl gingen diese Millionen auf die Straße. Es war unsere »Orange Revolution«. Alle trugen ein oranges Band. Ich trug ein oranges Band. Meine Frau trug ein oranges Band. Meine kleine Tochter trug ein oranges Band. Unsere Katze Alisa, die immer pflichtbewusst und diszipliniert war, trug eine orangefarbene Krawatte.

Alle außer Alisa riefen: »Juschtschenko! Juschtschenko!« Derweil wurde Juschtschenko selbst, noch jung und gut aussehend, mit Dioxin vergiftet.

EIN TAXIFAHRER
2. März 2022

»Wie lange warten Sie schon?«, fragt mich der Taxifahrer.

»Ungefähr fünf Minuten«, antworte ich.

»Ha! Da haben Sie Glück«, sagt er. »Normalerweise warten die Leute zwei Stunden auf ein Taxi. Ich stand zufällig in der Schlange vor der Drogerie, aber ich denke, ich kann Sie mitnehmen und hinfahren, wo Sie wollen, wenn Sie sich die Zeit vertreiben möchten.«

Ich schaue mir die Schlange vor der Drogerie an. Sie ist ziemlich lang: Hunderte von Menschen.

Als ich heute Morgen die Nummer eines Taxiunternehmens wählte, war ich mir fast sicher, dass niemand abheben würde. Aber ich habe mich getäuscht. Die gleiche Frauenstimme wie immer, die wie aus erheblicher Entfernung klang, stellte mir die gleichen Fragen und verlangte einen Preis, der nur fünfmal so hoch war wie am Tag vor Kriegsbeginn. Die Verbindung war miserabel, und ich musste das Telefon fest an mein Ohr drücken, um zu verstehen, was die Frau sagte.

Ich steige ins Auto ein. »Was glauben Sie, warum so viele Menschen gleichzeitig die Drogerien belagern?«, frage ich den Fahrer.

»Ich habe keine Ahnung«, sagt er. »Was mich betrifft, so brauche ich Enalapril. Ich habe Probleme mit Bluthochdruck, deshalb muss ich so schnell wie möglich wieder in der Schlange sein.«

»Wie rasch brauchen Sie Ihre Medizin?«, frage ich.

Der Taxifahrer ist ein fetter, schwabbeliger Mann in den Sechzigern, daher denke ich, dass seine Probleme mit dem Blutdruck ziemlich ernst sein könnten.

»Ich weiß es nicht. Ich brauche es jeden Tag.«

Wenn Patienten mit chronischem Bluthochdruck ihre Medikamente absetzen, werden sie früher oder später eine hypertensive Krise bekommen. Das ist ernst. Ohne Enalapril oder Notfallhilfe können sie sterben.

Er lässt den Motor an und fährt die Straße hinauf. Wir fahren viel schneller als erlaubt, es gibt keine Verkehrspolizei mehr. Die Straßen sind leer, aber vor jedem Supermarkt sehen wir eine Schlange von unglaublicher Länge und Breite. In jeder stehen Hunderte von Menschen, vielleicht Tausende. Der Artilleriebeschuss über ihren Köpfen scheint sie nicht zu stören.

»Hey, schauen Sie sich das an!«, ruft der Taxifahrer und zeigt auf die längste Schlange vor der Tür eines ATB-Supermarktes. »Was denken die sich dabei? Die haben doch gar keine Lebensmittel da!«

Er erzählt mir eine Geschichte. Wie er es geschafft hat, in einen Lebensmittelladen zu gelangen, aber alles, was es da gab, waren leere Regale und ein paar Pakete mit überteuertem Kaffee.

»Kein Essen und kein Wodka«, klagt er und erzählt mir eine weitere Geschichte über seine Frau, die den gesamten Alkohol im Haus in die Spüle schüttete, dann einen Koffer packte und einen Evakuierungszug nach Lwiw bestieg. »Sie wird über die Grenze nach Polen gehen«, sagt der Taxifahrer. »Wir haben dort einen Neffen. Sie hat etwas Geld. Tausend Dollar.«

»Das ist nicht viel«, erwidere ich.

»Es reicht für den Anfang. Dann wird sie einen Job finden. Irgendeinen Job.«

»Warum gehen Sie nicht mit ihr nach Polen?«, frage ich ihn.

»Sie lassen mich nicht gehen«, sagt er, »weil ich einen Kredit bei einer Bank habe. Dreißigtausend.«

Als wir uns dem Rand der Stadt nähern, verändert sich die Landschaft.

»Hey! Schauen Sie sich das an!«, ruft der Taxifahrer wieder, und auch ich entdecke jetzt den ausgebrannten Panzer. Dann einen weiteren. Sie sehen definitiv erledigt und sogar rostig aus, wahrscheinlich weil die grüne Tarnfarbe an ihren Seiten vom Feuer versengt ist und fast braun erscheint. Sie wirken wie tote Käfer. Ihre eisernen Räder und gewaltigen Fässer, die wie lange Schnauzen von ihrer hirnlosen Stirn herabhängen, haben etwas Insektenhaftes an sich.

Wir halten an einer Straßensperre an. Ein Mann mit einem Maschinengewehr fordert den Taxifahrer auf, seine Papiere vorzuzeigen. Er hat keine, aber er zeigt dem Soldaten sein Smartphone mit dem Anruf der Taxifirma. Zwei Männer in Tarnuniformen und mit Maschinengewehren durchsuchen schnell das Auto. Sie meinen es ernst.

Wir fahren weiter, aber nach etwa zwanzig Metern gibt es eine weitere Straßensperre, dann folgt die dritte. Wir sind nahe an der Umfahrungsautobahn. Hier war die Kampflinie der letzten paar Tage. Überall liegen zerstörte russische Panzer und Panzerfahrzeuge herum. Unsere eigenen sind braun-grün und neu, frisch lackiert. Ihre Kanonen- und Gewehrläufe sind auf die Autobahn gerichtet. Sie sehen entschlossen aus.

HORIZONT
2. März 2022

»Horizont« ist ein östlicher Vorort von Charkiw. Es ist ein neues Viertel mit riesigen Supermärkten und vielen Spielplätzen, Schulen und Kindergärten. Sogar die Bäume hier sind jung: Ich erinnere mich, dass sie einst so hoch waren wie meine Schulter, aber das ist etwa zwanzig Jahre her.

Das Erste, was ich sehe, als wir uns Horizont nähern, ist ein weißes Auto, das aussieht, als wäre ein riesiger Fuß daraufgetreten. Ich habe keine Ahnung, was einen derartigen Schaden verursacht haben könnte. Eine Bombe kann es nicht sein, denn das Auto ist nicht verbrannt. Wurde es von einem Panzer oder einem anderen Militärfahrzeug zerquetscht? Ich weiß es nicht. Saß jemand auf dem Fahrersitz?

Rechts von mir verläuft die Belgorod-Autobahn, die durch Stacheldraht, Panzersperren, Reihen von Autoreifen und Sandsäcke blockiert ist. Ich glaube nicht, dass ein Sandsack viel Schutz bietet, wenn ein Panzer aus nächster Nähe darauf schießt.

Wir biegen links ab, und zum ersten Mal heute traue ich meinen Augen nicht. Nein, denke ich, das ist ein anderer Ort, vielleicht Syrien nach Jahren der Bombardierung. Vielleicht eine Kulisse aus einem Science-Fiction-Film.

Das Überraschendste ist die Abwesenheit von Asphalt. Früher war das ganze Viertel in Asphalt, Beton und glitzerndes Glas gekleidet, jetzt sieht die Hauptstraße aus wie ein gepflügter Acker. Das muss der Dreck sein, den die Explosionen in die Luft gehoben haben: Er regnete herab und bedeckte alles. Dann entdecke ich mehrere Wohnhochhäuser, die vom Feuer geschwärzt oder deren oberste Stockwerke zerstört sind.

Plötzlich verstehe ich, warum die Russen auf diese Türme aus Ziegeln und Beton zielen und dabei Zivilisten töten. Sie wurden vor den Toren der Stadt aufgehalten, und eigentlich können sie da nichts anderes tun, als in jede Richtung zu feuern. In jede beliebige Richtung. Also wählen sie das auffälligste Ziel: Gruppen von Gebäuden, die hoch und hell aufragen, trotzig wie schroffe Felsen und gleichzeitig schlicht wie Kerzen in der Kirche.

Während der russischen Revolution von 1905 schossen die Gendarmen auf kleine Kinder, die auf die Zäune geklettert waren, um besser zu sehen, was vor sich ging. Sie schossen sie ab wie Spatzen, nur so zum Spaß. Wahrscheinlich dachten sie, dass es lustig ist zu töten, wenn man damit durchkommen kann. Ich glaube, die Motivation der russischen Waffenträger hat sich in 117 Jahren nicht sehr verändert.

Dann sehe ich einen Bombenkrater in der Mitte der Straße. Wasser sprudelt heraus. Ein leuchtend roter Rettungswagen hat davor angehalten und ist auf die Seite gekippt. Er ist von einer Granate getroffen worden.

Wir umrunden den Krater vorsichtig und nähern uns dem Haus.

»Sind Ihre Fenster kaputt?«, fragt der Taxifahrer.

Ich schaue auf die Wand links von mir, aber aus dem Autofenster kann ich nicht höher als bis zum sechsten Stock sehen.

Der Lift funktioniert nicht, also renne ich die Treppe

hinauf. Atemlos schließe ich die Tür auf. Eine zerzauste Nachbarin lugt aus ihrem Zimmer hervor. Sie ist Psychologin, eine selbstbewusste, belesene Person, aber jetzt sieht sie grau, klein und schnell aus, wie eine Maus. »Sind Ihre Fenster kaputt?«, fragt sie und blinzelt mich über ihre Brille hinweg an.

Warum beschäftigt diese Frage alle?

»Lassen Sie mich mal sehen«, sage ich und trete ein. Sie folgt mir. »Ja, sie sind kaputt«, stelle ich fest. Die Frau stöhnt ein wenig auf, einem Tier ähnlich, und verschwindet. Ich nehme einen tiefen Atemzug. Die Luft im Raum hat immer noch die vertraute stickige Qualität der Vorkriegszeit.

Die Räume, in denen sich nach dem Tod meiner Eltern Stille ausbreitete, sind jetzt nicht mehr still. Immer wieder feuern Panzer ohrenbetäubende Schüsse ab. Wahrscheinlich ist »ohrenbetäubend« nicht das richtige Wort. Der Knall ist nicht unerträglich laut, aber schmerzhaft, so als würde jemand einem immer wieder mit einem Kissen auf den Kopf schlagen.

Die Fenster, die noch nicht zerbrochen sind, springen synchron in ihren Rahmen. Ihr ruckartiger Tanz hat etwas Apokalyptisches an sich, wie dieser ganze Tag, dieser Punkt in Raum und Zeit, dieser Moment der Geschichte etwas Apokalyptisches an sich hat. Durch das Fenster kann ich die zerstörten oberen Stockwerke eines benachbarten Gebäudes erkennen. Sie liegen direkt vor meinen Augen. Sie sehen aus wie ein enormer Haufen Betonschutt. Sie sind völlig tot.

Ich nehme eine Plastikflasche, die seit den Tagen vor dem Krieg auf dem Küchentisch steht, und gieße zwei wunderschöne Buschrosen, die meine Mutter so sehr liebte. Eine große und eine kleine. Die große Rose ist dreißig Jahre alt.

Meine Mutter brachte sie eines Tages aus dem Krankenhaus mit, in dem sie arbeitete.

Die Pflanze trug damals gerade einmal zwei Blätter. Wir steckten sie in die Erde, und sie begann zu wachsen. Ich weiß noch, wie glücklich ich war über jedes neue Blatt. Ich erinnere mich an das Lächeln meiner Mutter, als sie die Pflanze betrachtete. Jetzt ist der Rosenstrauch riesig: Er nimmt das halbe Zimmer ein. Die kleinere Rose wurde von meiner Mutter nur einen Monat vor ihrem Tod gepflanzt. Sie mochte diesen winzigen grünen Lebenskeim, der inzwischen zu einem kleinen Strauch herangewachsen ist.

Ich werde den Invasoren nichts geben. Ich bin zu alt und zu schwach, um eine Waffe in den Händen zu halten, aber ich kann wenigstens etwas tun. Zum Beispiel dafür sorgen, dass Putin es nicht schafft, diese beiden Rosenstöcke, die meine Mutter so sehr liebte, umzubringen. Aus diesem Grund bin ich heute hierhergekommen.

BUSCHROSEN
2. März 2022

Ich weiß, man mag sagen, dass ich verrückt bin, mein Leben für zwei Buschrosen zu riskieren, die verdursten. Aber ich tue es nicht nur für diese Rosensträucher. Ich tue es, weil ich ein freier Mann bin und mir niemand vorschreiben kann, was ich zu tun oder zu lassen habe – außer den Menschen natürlich, die ich liebe. Die Menschen, die ich liebe, kommandieren mich die ganze Zeit herum. Aber das wird auf gar keinen Fall jemand anders tun. Schon gar nicht diese Russen, die alles zerstören, was ich liebe.

Ich weiß, dass meine Mutter niemals zulassen würde, dass ich mein Leben riskiere. Aber ich weiß auch, dass sie diese Sträucher liebte und unglücklich darüber wäre, wenn sie verdursten würden.

Die Blätter der beiden Rosen sind verwelkt. Zuerst gieße ich die kleinere Pflanze und verbrauche dabei fast das gesamte Wasser. Vielleicht gieße ich sie zu viel, aber ich weiß nicht, wann ich es wieder tun kann. Wahrscheinlich, wenn der Zwerg im Kreml gestorben ist.

Dann drehe ich den Wasserhahn auf.

Es kommt kein Wasser heraus. Ich drehe den Warmwasserhahn auf. Auch aus ihm kommt keines. Ich schaue in die Toilette und sehe, dass auch sie trocken ist.

Dann erinnere ich mich an den Bombenkrater mitten auf der Straße und an das Wasser, das aus ihm herausgesprudelt ist. Ich kann nirgendwo Wasser bekommen, was bedeutet, dass eine meiner Rosen, die größere, sterben wird. Aber die andere wird leben, also war meine Expedition doch nicht umsonst.

Ich krame in einer Schublade und ziehe eine Packung Enalapril heraus, ein Medikament, das auch meine Mutter genommen hat.

Die Panzer schießen in rascher Abfolge. Rhythmische, kontrollierte Knalle. Plötzlich zerspringt das Glas des Fensters vor mir. Aber die Scherben fliegen nicht allzu weit: Die schnellsten erreichen kaum die Mitte des Raumes und landen vor meinen Füßen. Die Luft riecht nun anders, nach der Nässe des Vorfrühlings. Ich hoffe, der Taxifahrer bekommt keinen Herzinfarkt, während er auf mich wartet.

Als ich aus der Tür trete, sehe ich die verängstigte Nachbarin wieder. Sie ist nicht allein in dem Zimmer. Ihre in einen Schal gehüllte ältere Mutter sitzt in einem Rollstuhl neben der Tür. Ihr Gesicht ist hager und weiß wie Kreide. Alle Menschen in Charkiw wissen, dass die Eingangstür der sicherste Ort ist, weil sie weit von den Fenstern entfernt ist und durch die Außenwand eine Rakete einschlagen könnte. Es gibt einen kurzen Moment, da ich die Nachbarin um Wasser bitten will, aber dann wird mir klar, dass Wasser, falls sie noch welches hat, jetzt zu kostbar ist.

Ich renne die Treppen hinunter, und der Taxifahrer startet den Wagen, sobald ich eingestiegen bin. Sogar einen Sekundenbruchteil vorher. Ich gebe ihm die Packung Enalapril. Er steckt sie hastig ein, ohne sich zu bedanken. Es ist nicht der beste Zeitpunkt, um Höflichkeiten auszutauschen.

»Warum haben Sie so lange gebraucht?«, fragt er.

»Wegen nichts Bestimmtem«, sage ich. »Es war eigentlich auch nicht lange. Ich war gleich wieder da.«

Das Auto beschleunigt. Die Panzerschüsse sind jetzt so nah, dass ich das Gefühl habe, mein Trommelfell könnte platzen wie ein Fenster, das von einer Druckwelle eingedrückt wird. Wir fahren um den Krater in der Straße herum, und zum ersten Mal wird mir klar, warum es hier jetzt so ungewohnt aussieht. Weil es hier zu viel Platz gibt, zu viel Luft.

Früher standen in den Straßen viele riesengroße Supermärkte. Jetzt ist der ATB-Supermarkt niedergebrannt. Der Equator-Supermarkt ist teilweise zerstört. Der Bowling-Klub liegt in Trümmern, und statt dieser überdimensionalen Streichholzschachteln sehe ich Felder, ferne Hügel und Obstgärten. Die Panzer hören nicht auf zu schießen, aber ich kann keine Explosionen sehen. Nichts geht in Flammen auf. Worauf schießen sie?

Wir halten an der nächsten Straßensperre.

Jetzt kontrollieren sie das Auto genauer, weil wir »von draußen« kommen. Sie zwingen uns beide auszusteigen und wollen unsere Papiere checken. Der Taxifahrer hat keine, aber er ist alt, dick, gesprächig und ängstlich. Die Art, wie er spricht, sich bewegt und gestikuliert, zeigt, dass er kein Russe ist. Er sieht aus wie eine Figur von Nikolaj Wassiljewitsch Gogol, aus dessen ukrainischer Periode. Wie eine Nebenfigur aus seiner Erzählung »Taras Bulba«.

An einer weiteren Straßensperre werden wir wieder langsamer, aber die Soldaten winken uns einfach durch.

Die inneren Bezirke der geplünderten Stadt, vor allem die verschlafenen Wohnviertel, sehen nach dem, was ich gerade erlebt habe, fast schon friedlich aus. Einige Schaufenster wurden von Plünderern eingeschlagen. Die Luft riecht nach Frühling.

LIEBE
3. März 2022

Während der russischen Revolution von 1905 schossen russische Gendarmen auf kleine Kinder, die auf die Zäune geklettert waren, um besser zu sehen, was vor sich ging. Sie schossen sie ab wie Spatzen, nur so zum Spaß.

Wenn man die obigen Worte liest, könnte man zu dem falschen Schluss kommen, dass ich glaube, dass die Russen von Natur aus böse und so schon immer gewesen seien.

Aber es gibt noch eine andere Tatsache zu bedenken. Am 5. August 1942 brachten die Nazis in Warschau 192 jüdische Waisenkinder zu einem Bahnhof, der als Umschlagplatz diente, und anschließend in das Vernichtungslager Treblinka. Die Kinder weinten nicht, als sie zu den Viehwaggons gingen, obwohl sie wussten, dass sie nichts Gutes erwartete. Keines versuchte, wegzulaufen oder sich zu verstecken. Sie gingen mit Würde, und als sie dies sahen, begannen die örtlichen Polizisten, die Polen, Ukrainer und sogar Juden waren, auf sie zu schießen.

Einige Leute waren der Meinung, dass die ukrainischen Polizisten die schlimmsten waren. Bedeutet diese Tatsache nun, dass Ukrainer schlechte Menschen sind und schon immer waren? Ganz und gar nicht. Im Grunde sind Russen und Ukrainer ein und dasselbe Volk. Man kann nicht durch Gentests herausfinden, wo eine Person ihre Steuern zahlt: in Russland oder in der Ukraine.

Zu glauben, dass eine Nation besser als eine andere sei, ist dasselbe wie zu glauben, dass Menschen, die am Montag geboren wurden, besser seien als solche, die an einem Freitag das Licht der Welt erblickten. Jeder einzelne Mensch kann gut oder schlecht sein, und für eine kurze Zeit kann eine ganze Nation oder ein großer Teil einer Nation von guten oder schlechten Ideen geleitet sein. Meistens sind es schlechte Ideen.

Man nehme zum Beispiel die Japaner, die während des Zweiten Weltkrieges nicht weniger kriegerisch waren als die Nazis und heute recht friedlich sind. Es sind dieselben Menschen mit derselben Herkunft und demselben Genpool wie früher. Oder man schaue sich das mongolische Volk an, das einst die halbe Welt eroberte. Es gibt keine guten oder schlechten Nationen, genauso wenig wie es feindselige oder friedliche Nationen gibt. Und irgendwo tief im Innern glaube ich, dass es überhaupt keine eindeutigen Nationen gibt, sondern ein sanftes Gefälle sich verändernder menschlicher Eigenschaften.

Das gilt definitiv für Russen und Ukrainer. Meine Mutter wurde in der Region Kursk in Russland geboren, wo die Menschen einen ukrainischen Dialekt sprechen. Bis zu ihren letzten Tagen sagte sie, Russland sei ihr Heimatland. Welchen Ort auf der Welt kann ich mein Zuhause nennen? Es ist definitiv kein Land, keine Stadt oder Gemeinde. Tief in meinem Herzen fühle ich, dass der beste Ort für mich die Wiesen und Wälder rund um ein unscheinbares Dorf in der Region Kursk sind, wo ich die besten Jahre meiner Kindheit verbracht habe. Nicht das Dorf selbst, sondern die Natur darum herum, mit einzigartigen Sonnenuntergängen, mit Sommerregen, mit einer winzigen Spinne, die an einem hauchdünnen Faden hängt. Die ganze Aura dieses Ortes geht mir nahe, der technisch gesehen in Russland liegt.

Meine ersten Märchen waren russische Märchen. Alle meine Freunde in der Kindheit sprachen Russisch. Ich träume auf Russisch und Englisch, aber nie auf Ukrainisch. Und selbst jetzt, wo die Russen Bomben und Raketen über meiner Stadt abwerfen und Menschen töten, die größtenteils Russisch sprechen, auf Russisch denken und auf Russisch träumen, denke ich nicht, dass die Russen schlechte Menschen sind. Ob sie gut oder schlecht sind, ist hier nicht der Punkt.

Es geht vielmehr um Würmer. Die Würmer, die sich seit langem in einem kahlen Kreml-Kopf vermehrt haben, haben sich aus ihm herausgewunden, sich in ganz Russland ausgebreitet und zig Millionen andere Menschen befallen. Diese Menschen mit Würmern in ihren Gehirnen und Köpfen spucken hasserfüllte Reden aus und rufen zur Fortsetzung des Massenmordes auf.

Aber wissen Sie was? Ich liebe diese Leute immer noch, weil sie nicht so schlecht sind, wie sie scheinen. Nein, sie sind auch nicht gut. Aber sie werden sich stark verbessern, sobald der Oberwurm, der ihnen Befehle gibt, gestorben ist. Deshalb habe ich Mitleid mit diesen Menschen und liebe sie, auch wenn ihre Panzer auf meine Stadt schießen und ihre Granaten über meinen Kopf fliegen. Jeder verdient Liebe, auch Menschen mit Würmern in ihren Köpfen und Hirnen.

BOMBEN IN DER NACHT

4. März 2022

Meine Frau hat einen Albtraum. Sie will in ihrem Traum etwas zu essen kaufen, aber es gibt nichts mehr außer einer Paprika. Nur eine große rote Paprika. Sie beißt hinein und sieht, dass sie verdorben ist. Die Paprika kostet tausend ukrainische Hrywnja, das sind etwa vierzig Dollar, aber jetzt muss sie sie trotzdem kaufen, weil sie in sie hineingebissen hat. Dann wacht sie erschrocken auf, weil ein Fliegeralarm ertönt.

»Oh, ich bin so erleichtert«, sagt sie. »Es ist nur ein Fliegeralarm! Es ist keine Paprika, die tausend Hrywnja kostet.«

Sie steht auf und läuft in der Wohnung herum. Sie kann nicht mehr schlafen. Ich versuche, mich wieder zum Einschlafen zu bringen. Schlaf ist jetzt ein kostbares Gut. Meine Nachbarin aus dem zwölften Stock, die zuerst nicht glauben konnte, dass der Krieg begonnen hat, dann Heavy-Metal-Songs hörte, am Fenster stand und auf die nächtlichen Luftangriffe schaute, die die Stadt niederbrannten, hat jetzt den Weg in den Schlaf gefunden. Sie steigt in eine gusseiserne Badewanne und schläft dort. Sie glaubt, dass die Wände der Badewanne sie vor Granaten und Schrapnellen schützen. Wahrscheinlich tun sie das.

Dann höre ich das Geräusch eines Flugzeugs. Es ist nicht das träge Dröhnen einer Zivilmaschine, sondern das räuberische Surren eines Bombers. Es verklingt. Zum Glück wirft es keine Bomben auf unsere Köpfe ab, es hat etwas anderes im Sinn. Dann, eine Minute später, höre ich in der Ferne das

Geräusch von vielen Explosionen. Jede Bombe tötet jemanden. Jede Bombe unterbricht das Dasein eines Menschen, seine Träume, seine Hoffnungen, sein ganzes Leben. Jede Bombe ist ein mechanischer Jack the Ripper, der mit gezackten Messern in den Händen vom Himmel fällt und so viele Hände hat wie die Göttin Lakshmi.

Die Explosionen kommen näher. Und immer näher. Diese langsame und bedächtige Annäherung hat etwas Schreckliches, sie fühlt sich an wie die Schritte eines Riesen, der alles zermalmt, was ihm in den Weg kommt. Vor sehr langer Zeit, als ich noch ein Junge war, sah ich einen Fantasy-Film über Sindbad, und einer der furchtbarsten Momente darin war, als die Figuren in eine Grube geworfen wurden, in deren Seite es einen Tunnel gab, der von innen beleuchtet war, und plötzlich näherte sich von dort schweren Schrittes ein blutrünstiges Monster. Wir sehen noch kein Monster, aber wir wissen bereits, dass es riesig und gnadenlos ist. Dann aber erblicken wir seinen Schatten an der Wand des Tunnels, und auch der Schatten kommt näher.

Der nahende Tod scheint manchmal beängstigender zu sein als der Tod, der schon nahe ist. Ich kann nicht schlafen.

Aber die Geräusche der Explosionen hören auf, näher zu kommen. Eine Minute – und die Nacht ist so still wie zuvor. Ich gehe zum Fenster und schaue in den Spalt zwischen der Wand und der Matratze, die dort hängt, um uns vor möglichen Glassplittern zu schützen. Es ist kein Feuerschein in Sicht. Die Nacht ist schwarz und weiß zugleich. Ich habe keine Ahnung, wie das möglich ist, aber es ist wahr: Eine Nacht ohne Lichter, die nur vom fliegenden Schnee erhellt wird, ist schwarz und weiß zugleich. Und sehr tiefblau, wenn man sie lange ansieht.

Hohe NATO- und amerikanische Beamte – ich versuche gar nicht erst, mir ihre Namen zu merken – sagen über den Krieg in der Ukraine, dass er noch schlimmer werden wird. »Wir kennen Putin«, sagen sie. »Wir kennen seine Taktik. Wir wissen, was er in Syrien und in Grosny getan hat. Deshalb wird es noch schlimmer werden.«

Das Wichtigste ist nicht einmal, was sie sagen, sondern wie sie es tun. Sie zucken nicht mit den Schultern, schütteln nicht den Kopf oder zeigen auf irgendeine andere Weise, dass sie es bedauern. Sie sagen nicht: »Es wird noch schlimmer werden, aber das liegt nicht in unserer Hand!« oder: »Es wird noch schlimmer werden. Ich wünschte, wir könnten etwas tun, aber wir können es nicht!« Nein, sie sagen nur: »Es wird noch schlimmer werden«, was fast so klingt wie: »Okay, es wird noch schlimmer werden.« Und sie tun nichts.

Sie verhalten sich wie Schachspieler, die ihre Züge machen. Nein, ich werde mir ihre Namen nicht merken.

KETTENREAKTION
4. März 2022

Schlangen vor Lebensmittelgeschäften werden nicht mehr in Menschen gemessen. Sie werden nicht mehr in Metern gemessen. Sie werden jetzt in Stunden gemessen. Wenn man in ihnen steht, hat man das Gefühl, dass Raum und Zeit so eng miteinander verbunden sind, dass sie praktisch ein und dasselbe werden. Eine Viertelstunde ist gleich fünf Schritte. Wenn man sich um neunzig Grad nach rechts dreht, bedeutet das zusätzliche dreißig Minuten, denn die Linien sind jetzt zu lang, um gerade zu sein, sie sind polygonal, sie sind Kurven.

Der Morgen des 4. März 2022 ist verschneit. Die ganze Welt draußen ist von unberührtem Schnee bedeckt. Er macht die Drähte über der Straße so dick wie Männerarme. Es ist windstill, und alle Bäume auf dem Schasmynowyj-Boulevard sind wunderschön, wie aus dem Märchen.

Es ist fast 8 Uhr, als ich rausgehe. Die Straße hat sich in ein ebenes Schneefeld verwandelt, über das sich eine dünne Spur zieht. Die hohen Hundsrosen, die zu beiden Seiten meiner Veranda wachsen, biegen sich unter der Last des Schnees. Sie behindern meinen Weg. Ich gehe um die Pflanzen herum, denn ich möchte sie nicht berühren und die zerbrechliche, filigrane Schönheit vor mir zerstören.

Der Anblick der hängenden Hundsrosen erinnert mich an die alten Zeiten, als wir sehr früh, noch vor Sonnenaufgang, zu einer Skitour aufbrachen. Wir fuhren auf Skiern entlang der Schluchten im Norden außerhalb von Charkiw. Wir waren die Ersten, die nach einem starken Schneefall unterwegs waren. Die Stille war vollkommen, denn die Hänge der Schlucht schirmten alle Geräusche ab. Die einzige Farbe war unberührtes Weiß – die Farbe des Schnees, die Farbe der Bäume, des Himmels und der Luft.

Dann kamen wir an eine Stelle, an der es so aussah, als könnten wir gar nicht mehr weiter, weil lange Äste und sogar kleine Bäume quer über dem Weg lagen. Aber als ich einen verschneiten Ast mit einem Skistock berührte, schnellte er nach oben, traf andere Äste und schüttelte den schweren Schnee von ihnen ab. Auch sie bogen sich und befreiten damit die weiteren Äste vom Schnee. Die Bäume richteten sich vor mir auf, aber nicht gleichzeitig: Sie taten es einer nach dem anderen, in einer langsamen Kettenreaktion. Und dann war der Weg vor mir offen, und ich fuhr voraus.

Die einzige Kettenreaktion, an die die Leute jetzt denken, ist die atomare: Ein Uranatom erzeugt Neutronen, die dann auf ein paar neue Uranatome treffen und aus ihnen neue Neutronen herausschlagen. Die neuen Neutronen treffen auf immer neue Uranatome. Organisiert man das Ganze in einer Atombombe, führt das zu einer gigantischen Explosion, und wer dabei nicht sofort umkommt, den rafft die Verstrahlung dahin. Ein langsamer und qualvoller Tod.

Heute, vor wenigen Stunden, haben russische Truppen das Kernkraftwerk Saporischschja angegriffen, das größte in Europa. Sie beschossen es, beschädigten einen der sechs Blöcke und bedrohten damit sowohl die Zukunft Russlands als auch Europas. Historisch gesehen leben wir in einer interessanten Zeit: Der erste Nuklearwahnsinnige der Geschichte ist bereits geboren und sein Gehirn voller zappelnder Würmer. Das Traurige daran ist, dass er sehr wohl der letzte Nuklearwahnsinnige der Geschichte sein könnte, denn die Weltgeschichte könnte im Jahr 2022 enden.

Ich nähere mich dem Supermarkt Rost. Die Schlange ist eineinhalb Stunden lang, was nicht viel ist. Ich suche mir einen Platz und warte, gehe langsam vorwärts und spüre, wie der Unterschied zwischen Raum und Zeit kleiner wird. Als ich unter einem Baum stehe, greift eine Frau vor mir nach oben und berührt den untersten Ast. Wir alle werden mit federleichtem Schnee überschüttet. Die Menschen lächeln.

DIE ESSENSSCHLANGE
4. März 2022

Dann, etwa zwanzig Meter vor mir, fällt ein Mann zu Boden. Seine Augen sind geschlossen und seine Lippen blau. Einige Leute kommen ihm zu Hilfe. Sie ziehen ihm fast alle seine Kleider aus, damit er besser atmen kann, und schlagen ihm leicht ins Gesicht. Er hat wahrscheinlich einen Herzinfarkt oder einen Schlaganfall erlitten. Eine Zeit lang sieht er wie tot aus, aber sie tätscheln ihm die Wangen, und er beginnt wieder zu atmen. Die Leute tragen ihn und legen ihn auf eine Bank. Er ist immer noch fast nackt. Ich kann seine Augen sehen, sie sehen aus wie zwei Blechkugeln. Das kann nichts Gutes bedeuten, aber dann fletscht er die Zähne, und mir wird klar, dass es weder ein Herzinfarkt noch ein Hirnschlag ist – er hat einen epileptischen Anfall.

Zwei Polizisten versuchen zu helfen. Sie halten seine Hände fest. Der Mann beginnt zu knurren wie ein Tier. Er wird immer lauter, dann schreit er, mit immer noch erloschenen Augen: »Ich bin kein Russe! Ich bin kein Feind! Ich bin ich!«

Einer der Polizisten ruft einen Krankenwagen. Doch nach einigen kurzen Worten am Telefon schüttelt er den Kopf. Kein Krankenwagen, tut mir leid.

Der Mann auf der Bank fängt an, sehr schnell zu atmen, dann hört er auf, und sein Kopf kippt zur Seite. Es gibt eine Apotheke auf der anderen Straßenseite, aber die Schlange davor ist mindestens zwei Stunden lang.

»Gehen Sie hin und holen Sie Medikamente!«, ruft eine Frau dem Polizisten zu.

»Tut mir leid, das geht nicht«, antwortet er. »Diese Leute werden mich nicht reinlassen. Sie werden mich in Stücke reißen.«

»Woher wissen Sie das?«, fragt die Frau.

»Ich habe es gestern versucht.«

»Aber Sie sind doch Polizist!«

Er schüttelt nur den Kopf.

Der Mann, der auf der Bank liegt, beginnt wieder zu atmen, ruckartig, aber sein Kopf hängt immer noch auf der Seite. Sein Unterkiefer klappt auf. Er hat perfekte Zähne. Er muss regelmäßig zum Zahnarzt gegangen sein.

Die Schlange bewegt sich weiter. Ich sehe eine Reklametafel auf der anderen Straßenseite. Sie ist alt, sie hängt hier schon seit den Tagen vor dem Krieg. Es sind zwei sehr selbstgefällige Frauen darauf zu sehen, die fast identisch aussehen. Sie schauen sich gegenseitig an. »Ich liebe mich selbst«, steht in großen Lettern auf dem Plakat.

Die Schlange bewegt sich weiter vor. Das nächste Plakat ist viel kleiner, und ich verstehe zunächst nicht, dass daran etwas seltsam ist. »Ihr Moskauer, gezeugt von verdammten besoffenen Hunden, verschwindet in euer Russland!«, steht auf einer ukrainischen Madonna geschrieben. Das Plakat ist nicht gedruckt. Es ist ein Gemälde auf Leinwand, ein Kunstwerk. In einer schicken Galerie würde es wahrscheinlich Millionen kosten.

Die Schlange bewegt sich weiter voran. Es gibt ein kleines Mädchen in einem hellrosa Overall, das mit einer Plastikschaufel Schnee anhäuft. Es macht einen Kuchen daraus und bietet ihn seiner Mutter an. Die Frau schüttelt den Kopf, weil sie den Schnee nicht essen will. Das Mädchen offeriert den Kuchen seinem Vater, aber auch der Mann ist nicht begeistert von der Aussicht, Kuchen aus Schnee zu essen. Das Mädchen beginnt also, seinen Kuchen selbst zu essen. Seine Eltern stört das nicht, oder besser gesagt, sie sehen es nicht. Sie unterhalten sich und starren in die verschneite Ferne über ihrem Kopf.

Die Schlange bewegt sich weiter. Ein verspielter kleiner Hund scharrt eifrig im Schnee. Nachdem er sich durch den Schnee gebuddelt hat, beginnt er, in der Erde zu wühlen. Er gräbt eine alte Kastanie aus und fängt an, mit ihr zu spielen, wirft sie hoch. Er versteckt sie im Schnee und buddelt sie wieder aus. Dann schaut er sein Herrchen an und wartet darauf, in seinen Bemühungen gewürdigt zu werden. Er senkt seine flauschigen Ohren und kläfft in einem Anfall von Liebe und Zuneigung.

Dann hören wir den ersten lauten Knall über unseren Köpfen. Das Echo hallt von den hohen Gebäuden ringsum wider. Alle Oberleitungen schütteln sich synchron: Der ganze darauf liegende Schnee fällt in geometrisch perfekten parallelen Linien und Quadraten zu Boden. Er rutscht von einem geparkten Auto ab, und ich sehe, dass es gar nicht weiß, sondern orange ist.

Noch ein Knall, und die Hundsrosen, die unter dem schweren Schnee liegen, sind ihre Last los. Aber sie richten sich nicht alle gleichzeitig auf. Erst krümmt sich ein einzelner Busch hoch, dann zieht er den nächsten mit sich und dieser wieder den nächsten. Ich sehe die Kettenreaktion des abgeschüttelten Schnees, und das erinnert mich an das Atomkraftwerk, das von den Idioten beschossen wird, denen es nichts ausmacht, die zerbrechliche und filigrane Welt der Menschen zu zerstören.

Die Schlange bewegt sich in einer langen polygonalen Kurve weiter. Als ich wieder bei dem halb nackten Mann, der auf der Bank liegt, vorbeikomme, kann ich nicht sagen, ob er atmet oder nicht. Aber der Schnee, der auf seine nackte Brust fällt, schmilzt hinweg, also hoffe ich, dass er lebt.

PATRIOTISMUS
4. März 2022

Mein Kater Fluffy, der jetzt acht Jahre alt ist, hatte zwei Schwestern und einen Bruder, als er noch ein Kätzchen war. Die vier Kätzchen liefen in den Zimmern herum, spielten zusammen und richteten ein furchtbares Chaos an. Eines ihrer Lieblingsspielzeuge war ein Stück gewelltes Lüftungsrohr von etwa einem Meter Länge. Die Kätzchen benutzten es als Tunnel, durch den sie sich gegenseitig hin und her jagten, ohne dass ihnen langweilig wurde. Als die Kätzchen etwas größer wurden, gaben wir sie weg, alle außer Fluffy, der so süß wie ein Marshmallow war und von dem wir uns nicht trennen konnten. Also wurde es still im Zimmer, und das Chaos war vorüber.

Zwei Jahre später fand Fluffy das Stück gewelltes Lüftungsrohr wieder. Er zwängte sich in dieses Aluminiumrohr (nur sein Schwanz ragte heraus) und lag dort regungslos. Dann bemerkten wir ein seltsames Geräusch: Die gerillte Wand des Rohrs begann zu vibrieren. Fluffy schnurrte darin, und das Aluminium vibrierte. Ich glaube, der Kater erinnerte sich an sein Lieblingsspielzeug von früher, er erinnerte sich wahrscheinlich an seine Geschwister und an die Tage, an denen sie zusammen spielten und die Zimmer auf den Kopf stellten. Und er war glücklich, weil er sich an diese Dinge erinnerte.

Das ist es, was ich tierischen Patriotismus nenne: die bedingungslose Liebe zu dem Ort, an dem man die schönsten

Tage seines Lebens verbracht hat, und zu den Dingen, die mit einem solchen Ort verbunden sind.

Ich habe bereits erwähnt, dass ich ein kleines Dorf in der Region Kursk und die Natur dort liebe. Es ist vierzig Jahre her, dass ich das letzte Mal dort war, aber als ich diesen Ort auf Google Maps fand und heranzoomte, stellte sich heraus, dass ich jeden Punkt, jedes unscharfe Rechteck, jeden grünen Klecks, der angeblich einen Baum markiert, irgendwie wiedererkannte. In diesem Moment schnurrte ich tief in meinem Herzen wie mein kleiner Fluffy in dem gerillten Lüftungsrohr. Ich könnte mir diese Punkte und Rechtecke ewig ansehen. Das ist mein tierischer Patriotismus.

Ich liebe diesen Ort, auch wenn er in Russland liegt. Ich liebe ihn trotz der Tatsache, dass ich ihn auf Google Maps erkannte, als ich sehen wollte, wo und wie die Kolonne russischer Panzer in die Region Charkiw einfuhr. Ich liebe diesen Ort ungeachtet dieser Tatsache, weil tierischer Patriotismus bedingungslose Liebe bedeutet. Und das ist eine gute Sache. Wir alle besitzen solche Enklaven der reinen Liebe in unseren Herzen und Seelen. Ich glaube: Je mehr Liebe wir in uns tragen, desto besser.

Aber es gibt noch eine andere Art von Patriotismus, den Patriotismus der Tat.

Man erwartet vielleicht von mir, dass ich hier ein paar allgemeine Aussagen über die Ukrainer schreibe, die unglaublich patriotisch sind, was ihren Erfolg auf dem Schlachtfeld begünstigen soll. Das wäre völlig falsch. Ja, die Ukrainer sind jetzt unglaublich patriotisch, aber das ist nicht der Grund für ihre Erfolge auf dem Schlachtfeld, sondern vor allem das Ergebnis ebendieser. Der Grund für die Erfolge sind ihre Tapferkeit und ihre unbeugsame Liebe zur Freiheit, die sie wie eine Fackel durch die Jahrhunderte trugen. Das sind die Gründe. Ihr Patriotismus ist das Ergebnis.

Lassen Sie mich erklären, was ich meine. Ich glaube, es war Leo Tolstoi, der feststellte, dass wir Menschen lieben, denen wir helfen, und diejenigen hassen, denen wir Böses antun. Wenn ich jemandem eine helfende Hand reiche, kann ich diesem Menschen nicht mehr gleichgültig gegenüberstehen. Aber je mehr ich jemanden verletze, desto stärker neige ich dazu, diese Person zu entmenschlichen, wenn ich an sie denke.

Die Ukrainer verteidigen ihr Land gegen das Böse und gegen die Dunkelheit und helfen ihrer Gemeinschaft zu überleben. Sie tun dies jeden Tag, jede Stunde, wahrscheinlich jede Minute, was bedeutet, dass mit jedem Tag, jeder Stunde und jeder Minute ihre Liebe zum Land, ihr aktiver Patriotismus, stärker wird.

Aber sie verteidigen nicht nur ihr Land gegen das Böse und die Dunkelheit. Jetzt verteidigen sie die ganze Welt – von den Nachbarländern bis hin zu weit entfernten Staaten. Sie verteidigen sogar Russland. Deshalb ist unser Patriotismus keine lokale Angelegenheit, er ist überhaupt nicht nationalistisch, er ist global. Er ist gänzlich frei vom logischen Trugschluss aller Nationalisten: Mein Land ist besser als alle anderen, weil ich hier lebe.

Deshalb zogen ukrainische Frauen zwei weinende achtzehnjährige Jungen aus einem russischen Panzerfahrzeug, schimpften mit ihnen und ließen sie dann laufen. Wir hassen die Russen nicht. Dadurch, dass wir gegen sie kämpfen, ihre Panzer verbrennen und ihre Flugzeuge abschießen, helfen wir Russland sogar und verteidigen es gegen das Böse und die Dunkelheit. Die Russische Nationalgarde, die auf den Straßen der russischen Städte Menschen verprügelt, ist in die Ukraine zum Kämpfen geschickt worden. Sie hat ihre Polizeiknüppel und ihre Schilde mitgenommen. Und sie findet hier ihren Tod.

DER TYP, DER UM 8 UHR AUFSTEHT
5. März 2022

Ein weiterer verschneiter Tag. Ich gehe sehr früh aus dem Haus, gleich nachdem die Ausgangssperre vorüber ist. Die Straße ist mit Neuschnee bedeckt, und ich kann die Fußabdrücke der Vögel darauf sehen. Hier haben zwei Vögel eine Karotte aus einer Mülltonne gezogen und in Stücke gepickt. Weiter weg erblicke ich die Fußabdrücke eines Mannes und die Pfotenabdrücke eines Hundes, der rechts neben ihm lief.

Außerdem sind da die Fußabdrücke einer Frau, und ich kann erkennen, dass ihr Schoßhund hinter ihr hergelaufen ist. Dann sehe ich einen Mann und eine Frau mit schweren Taschen und einem grünen Käfig für einen Hamster oder ein Meerschweinchen. Sie sind wohl auf der Flucht aus der Stadt, um ihr Leben zu retten.

Als ich näherkomme, bemerke ich, dass die Schlange vor der Zoohandlung gemessen an den Menschen recht kurz ist, gemessen an der Wartezeit aber drei Stunden lang, denn die Zoohandlung öffnet um 10 Uhr morgens, und jetzt ist es erst 7 Uhr. Die Leute in der Schlange sprechen über ihre Haustiere.

»Ich musste drei Welpen ertränken«, klagt eine Frau, die zwei schicke Pudel an langen Leinen hat, »sie hätten den langen Weg nicht überlebt, wissen Sie.« Auch sie ist wohl auf der Flucht aus der Stadt.

Eine Frau in grüner Jacke erzählt von ihrem Corgi, der früher nur die besten, sorgfältig ausgewählten Leberstücke gefressen habe. Jetzt verschlingt er Borschtsch und knurrt sogar, wenn jemand versucht, ihm den Napf wegzunehmen. Solche Geschichten gibt es mittlerweile zuhauf. Eine andere Frau erzählt, dass ihr Yorkshire-Terrier jetzt gerne Buchweizenbrei fresse.

Ich verlasse die Schlange und gehe zu einer anderen hinüber, zu einem Fischgeschäft, denn jetzt stehen die Leute in mehreren Schlangen gleichzeitig. Der Tag hat ja auch nur vierundzwanzig Stunden.

Diese Schlange ist zwei Stunden lang. Es sind hauptsächlich Männer hier, also wird über eher männliche Themen gesprochen. Ich höre den ersten lauten Knall um 8:15 Uhr.

»Dieser Typ fängt mit der Schießerei normalerweise genau um 8 Uhr an«, sagt ein großer Mann mit traurigem Gesicht. »Ich mache mir sogar Sorgen, dass er heute verschlafen hat.«

Es stellt sich heraus, dass der »Typ«, der jeden Tag um 8 Uhr zu ballern beginnt und heute wahrscheinlich verschlafen hat, einer der Unseren ist. Er benutzt ein Flugabwehrgeschütz, mit dem er nach jedem Schuss seinen Standort wechselt, damit die Russen es nicht mit *Grads* oder anderen Raketen ausradieren können. Er bewegt sich ständig auf den Feldern und in den Schluchten zwischen der Newton-Straße und dem Flughafen. Deshalb klingt auch jeder Knall anders.

»Sie könnten den Flughafen bombardieren«, wirft ein alter Mann ein.

Es stellt sich jedoch heraus, dass sie das nicht können. Wahrscheinlich wollen die Russen den Flughafen von Charkiw intakt halten, weil sie ihn brauchen, also werfen sie dort keine Bomben ab. Andererseits gibt es eine Menge ukrainischer Flugabwehrsysteme, die sowohl den Flughafen als auch den nahe gelegenen Teil der Stadt verteidigen. Das ist eine Erleichterung. Es gibt uns etwas Hoffnung.

Dann erzählt ein anderer Mann von einer Rakete, die sein Haus getroffen und drei Stockwerke durchschlagen habe. Er sagt, sie hätten Glück gehabt, dass die Rakete nicht explodiert sei, aber sie habe drei Wohnungen zerstört. Er irrt sich jedoch, wenn er von einer Rakete spricht. Was er meint, ist ein Smertsch-Raketenträger, der zuerst Streubomben abwirft, dann herunterfällt und als etwa zwei Meter hohe Metallsäule mit den Schwanzflossen am Ende mitten in der Straße stecken bleibt. Solche Raketenträger werden später wie schlechte Zähne aus dem Asphalt gezogen.

Die Leute nennen diese Dinger »Bolwanka«. Bolwankas sind meist grau oder blau. Das erste Exemplar, das ich sah, schlug unweit des Marktplatzes ein, auf dem ich früher oft Lebensmittel einkaufte. Die Leute blieben stehen und machten Fotos von dem seltsamen Ding. Während sie Fotos aufnahmen, wussten sie noch nicht, dass eine Smertsch-Rakete 32 832 Menschen mit Schrapnellen töten kann, 32 832 Zivilisten, die zum Einkaufen gehen. Mathematisch gesehen entspricht eine Smertsch-Rakete 6566,4 Jack the Rippern.

KLASSENZIMMER
6. März 2022

»Bolwankas« oder Smertsch-Raketenträger schlagen nicht immer auf dem Boden ein. Manchmal treffen sie auch Gebäude mit oder ohne Menschen darin. Sie fallen oft auf Schulen, Kindergärten und Krankenhäuser. Da sie in der Luft eine Parabel beschreiben, können sie Schulen, Kindergärten und Krankenhäuser entweder senkrecht oder waagerecht oder in einem beliebigen Winkel zum Horizont erwischen.

Stellen Sie sich ein Klassenzimmer einer weiterführenden Schule vor. Zum Glück ist es früh am Morgen, also ist es leer. Die Wände sind gelb und beige, die Tafel aus dickem, mattem Glas ist grün, nicht schwarz. Drei Reihen moderner, ergonomischer Schreibtische mit geschwungenen Fronten stehen bereit. An ihnen lässt es sich bequem sitzen. Die Metallstühle mit lackierten Sitzen sind aus Sperrholz gefertigt. An den Fenstern hängen weiße, vertikale Jalousien, die die Augen der Kinder vor übermäßiger Sonneneinstrahlung schützen sollen. An der Decke hängen Leuchtstoffröhren. Alles ist sehr sauber, denn es ist eine Schule, und Schulen sollten sauberer sein als das Leben.

Dann schlägt eine Bolwanka, die fast waagerecht fliegt, von außen gegen die Wand der Schule. Sie befindet sich direkt hinter der Wandtafel aus Glas. Während des Fluges dreht sie sich leicht. In dem kurzen Moment, in dem sie die Wand und die Tafel durchdringt, beginnen der Beton und das Glas in Wellen ihre Festigkeit zu verlieren, so als wären sie Flüssigkeiten. Die Wellen entfalten sich symmetrisch, wie die Blütenblätter einer Blume. Dann zerbricht die Glastafel, und der runde Teil der Betonwand verwandelt sich in auseinanderstiebende Trümmer.

Die Bolwanka fliegt zwischen der ersten und der zweiten Tischreihe weiter. Die Druckwelle schiebt die Tische und Stühle zur Seite und an die Wände. An der Decke zerplatzen Leuchtstoffröhren. Die Fensterrahmen werden aus den Wänden gerissen, aber die vertikalen Jalousien hängen noch, als ob nichts geschehen wäre. Dann sehen wir eine Zeit lang nichts mehr, aber nachdem sich der Staub gelegt hat, stellen wir fest, dass die meisten Tische fast unversehrt sind, nur an die Wände geschoben, und allein das Lehrerpult ist in Stücke gebrochen.

Die Wände sind immer noch gelb und beige, und nur das Rechteck, an dem früher die Tafel hing, ist weiß. Die Bolwanka liegt auf dem Boden, nahe der gegenüberliegenden Wand des Klassenzimmers, die nun nicht mehr sauber ist. Alles ist mit einer Staubschicht bedeckt. Einige Leuchtstofflampen baumeln an elektrischen Drähten vom Boden herab und schwingen leicht, als ob sie an einem Galgen hingen.

Viel schlimmer ist es, wenn eine Bolwanka das Schulgebäude senkrecht trifft. Dann können die Betonplatten, aus denen die Schulböden bestehen, einstürzen. Ein Teil der Schule kann wie ein Kartenhaus in sich zusammenfallen, sodass nur noch Metallträger übrig bleiben, die aus den verbleibenden Wänden herausragen.

Ich frage mich, was die Leute, die die Smertsch-Raketen entworfen haben, gefühlt haben. Was haben sie gedacht? Haben sie etwa überlegt, was wäre, wenn sie die Anzahl der

Splitter so ändern, dass im Idealfall nicht nur 32 832 Menschen, sondern vielleicht 32 840 getötet werden? Oder sogar 32 850? Wunderbar! Oder vielleicht wäre es gut, wenn man die Schrapnellstücke spitzer oder sternförmiger macht, oder (hmmm, das ist eine gute Idee!) sie werden mit scharfen Klingen versehen. Schade, mögen sie gedacht haben, dass jetzt keine Tests an Menschen möglich sind, aber andererseits lässt sich das in Syrien oder der Ukraine leicht nachholen.

Der 6. März 2022 ist ein rutschiger Tag. Die Leute sollten sehr vorsichtig sein, denn wenn jemand hinfällt und sich einen oder zwei Knochen bricht, kommt keine Hilfe. Wenn ich einen Supermarkt betrete, sehe ich saubere, frisch gewischte Böden und saubere, frisch abgestaubte Regale. Aber ich sehe keine Lebensmittel. Gar keine. Selbst die letzten Packungen Chips sind weg.

Ich gehe an einem großen Kinderspielplatz vorbei. Er ist jetzt von Schnee frei gefegt, und auf den Schaukeln hocken zwei kleine Kinder: ein Junge und ein Mädchen. Dann sehe ich eine Familie. Die Mutter sitzt auf einer Bank mit einem Mädchen auf dem Schoß, während der Vater vor ihnen eine Pantomime aufführt. Die Sonne scheint hell. Dann höre ich ein lautes »Bang!«, aber keines der Kinder schaut auf. Unsere Instinkte haben uns bereits gelehrt, dass man sich keine Sorgen machen muss, wenn man etwas Lautes hört und ein paar Sekunden später noch am Leben ist. Man hat diesmal Glück gehabt.

HASS
6. März 2022

Ich spüre den ersten Anflug von Hass, als ich die Nachrichten über einen russischen Piloten sehe, der Bomben über meinem Kopf abgeworfen hat und dem es gelang, sich aus dem Cockpit herauszukatapultieren, nachdem sein Flugzeug getroffen wurde. Ich glaube, ich habe in meinem Leben noch nie jemanden wirklich gehasst. Das Gefühl in meinem Herzen ist wie schwarze Tinte, die vom Grund eines tiefen Sees aufsteigt und sich nicht mit dem klaren Wasser vermischt. Ich habe das Gefühl, dass ich nichts dagegen tun kann. Ich halte es auch für das Richtige, nichts zu tun, sondern es sich langsam ausbreiten zu lassen.

Der Pilot des Flugzeugs hat eine Stupsnase. Er ist schwer verwundet und blutet, aber er wird wahrscheinlich überleben. Er hatte das Pech, auf die Dachschräge eines Privathauses zu fallen. Sein Fallschirm hängt noch immer vom Dach herab und bedeckt einen Teil der Wand. Wenn man Bomben auf die Häuser unschuldiger Menschen wirft, sollte man darauf gefasst sein, selbst auf deren Dächer zu fallen, sich ein paar Knochen in seinem schlaffen Körper zu brechen und zu lernen, dass das wirklich wehtut.

Der Pilot wird gefragt, ob er gewusst habe, dass er Zivilisten bombardiert. »Nein, nein, nein, das wusste ich nicht.«

Er wird gefragt, wie oft er bereits Zivilisten bombardiert habe. »Nein, nein, nein, es war das erste Mal. Ich habe vorher nur einige abgelegene, verlassene Orte bombardiert.«

Das bedeutet, dass er sehr wohl wusste, dass er Zivilisten bombardierte, und dass er es sehr oft getan hat. Er hat es auch in Syrien getan. Ich spüre, dass ich diesen Mann hasse, aber mein Hass ist passiv. Ich genieße es nicht, dass er verletzt ist und Schmerzen hat. Ich bin mir allerdings ziemlich sicher, dass ich ihn, wenn er seine Bomben auf jemanden geworfen hätte, den ich kenne, mit meinen eigenen Händen hätte töten wollen. Das ist es, was Hass bedeutet: den Wunsch, jemanden zu töten, den Wunsch zu verletzen.

Am Abend werden wir erneut bombardiert. Die Bomben fallen jetzt näher, und die Explosionsgeräusche sind noch lauter. Das Gefühl des Schreckens wiegt schwer wie Blei, und es ähnelt überhaupt nicht dem auflösenden Gefühl der Angst, das wir früher im normalen Leben hatten. Es macht uns ein wenig apathisch, wie eine Maus vor einer Schlange, die von deren unbewegtem Blick hypnotisiert ist.

Wenn die Bomben aufhören zu fallen, rufen wir jeden an, den wir kennen. Ein Freund von mir schreit in den Hörer, dass eine Bombe sein Haus getroffen habe. Er ist ein wenig hysterisch. »Ich hasse sie!«, schreit er und wiederholt es viele Male. »Ich hasse *ihn*! Ich weiß nicht, wie ich ihn nennen soll! Ich weiß nicht, wie ich ihn nennen soll! Ich weiß nicht, wie ich ihn nennen soll!« Er wiederholt diesen Satz so oft, dass ich glaube, es stimme etwas nicht mit seinem Verstand. Dann beginnt er zu erläutern, was er meint. »Ich hasse diesen Kreml-Blutsauger!«, schreit er. »Ich hasse diesen Vampir, dieses Monster, diese … Ich weiß nicht, wie ich ihn nennen soll!«

Mein Freund ist ein tiefreligiöser Mensch, deshalb ist sein aktiver Wortschatz an Schimpfwörtern erbärmlich begrenzt. »Wie kann jemand noch am Leben sein, wenn so viele Menschen ihn so sehr hassen?«, fragt er.

»Hast du Angst?«, wollen wir von ihm wissen.

»Nein, habe ich nicht! Ich bin nicht verängstigt. Aber ich stehe unter einer Art Schock«, sagt er.

Dann berichtet er uns, wie es sich angefühlt hat. Er erzählt uns, dass sein Haus so heftig zu wackeln begonnen habe, dass alle Dinge, die auf den Fenstersimsen standen, herunterfielen. Er dachte, das Haus würde einstürzen, aber das tat es nicht. Sein Haus aber war nur ein Kollateralschaden. Das Hauptziel der feindlichen Flugzeuge war der Fernsehturm. Sie warfen Bomben auf ihn und verfehlten ihn leider nicht. Wir haben seitdem kein Fernsehen mehr, aber wir haben immer noch das Internet.

Das feindliche Flugzeug wurde abgeschossen. Es verbrannte und zog einen feurigen Bogen über den Sternenhimmel. Einer der Piloten wurde später lebend gefangen genommen, er stammt aus Woronesch. Sein Name war Maksim Sergejewitsch. Ist das wahr? Können Monster aus der Hölle Namen von echten Menschen haben?

Ukrainische Soldaten geben dem feindlichen Piloten ein Telefon und erlauben ihm, bei sich zu Hause anzurufen.

»Wirst du überleben?«, fragt seine Frau.

»Ich weiß es nicht«, antwortet er düster.

»Er wird leben, wenn du eine Fahne in die Hand nimmst und auf die Straße gehst, um gegen den Krieg in der Ukraine zu protestieren«, sagen die ukrainischen Soldaten zu ihr.

Der Mann, der den Abwurf von Bomben auf die Zivilisten in Charkiw befohlen hat, ist übrigens General Oleg Makowezkyj, der 1966 selbst in der Region Charkiw geboren wurde. Ich habe später ein Foto von ihm gesehen. Er hat die kleinen bösen Augen eines professionellen Bürokraten.

DIE, DIE WIR ZURÜCKLASSEN
7. März 2022

Die Menschen bluten aus der dahingeschlachteten Stadt. Zehntausende von ihnen drängen sich im und um den Hauptbahnhof, vielleicht auch mehr. Sie werden von allen Seiten so dicht bedrängt, dass ihre Rucksäcke zu etwas Unförmigem und fast Flachem zusammengepresst werden.

Einen Block vom Hauptbahnhof entfernt hat jemand einen Hund angeleint an einer Bank zurückgelassen. Das Tier wartet schon seit Tagen. Es ist ein guter, reinrassiger Hund, aber es ist unmöglich, einen Hund in einen überfüllten Zug mitzunehmen.

Nord-Saltiwka ist der Teil der Stadt, der am meisten gelitten hat. Hier gibt es viele sechzehnstöckige Wohngebäude. Einige von ihnen sind so stark bombardiert, zerschossen und verbrannt, dass sie an manchen Stellen durchsichtig geworden sind und ich den Himmel, die Wolken und den Flug der Saatkrähen durch sie hindurch sehen kann. Die Saatkrähen ähneln Flugzeugen, vor allem wenn sie mit unbewegten Flügeln dahingleiten. Wenn ich sie im Augenwinkel wahrnehme, zucke ich zusammen.

Einige Menschen, die früher hier lebten, sind umgekommen, aber die meisten haben die Stadt verlassen. Keiner von ihnen konnte seine Haustiere mitnehmen.

Ein paar Monate vor dem Krieg war ich zufällig in Nord-Saltiwka. Die Menschen dort waren freundlich und glücklich, in diesem gemütlichen Viertel zu leben, das ein heimeliges Gefühl vermittelte. Viele von ihnen hatten Haustiere. Ich freundete mich damals sogar mit einem Zwergspitz an. Der Hund war leuchtend orange, fast rund, wirklich lustig und jagte gerne Katzen. Wo ist mein pelziger Freund jetzt? Das frage ich mich. Läuft er durch die verbrannten Straßen von Nord-Saltiwka, hungrig, zu Tode verängstigt, und duckt sich jedes Mal, wenn er eine Explosion hört? Ist er noch am Leben?

Aber es gibt nicht nur Hunde, sondern auch Menschen, die wir nicht mitnehmen können. Die Frau, die in der Wohnung nebenan wohnt, ist fast achtzig Jahre alt. Sie hat ihr ganzes Leben lang als Ärztin gearbeitet, aber jetzt verliert sie langsam ihren Verstand und ihr Gedächtnis. Sie erkennt mich noch, und sie weiß, dass der Krieg begonnen hat, aber sie ist so hilflos wie ein Baby.

Bei jedem lauten Geräusch bekommt sie Kopfschmerzen. Vor dem Krieg hatte sie eine Routine von täglichen Spaziergängen, und sie kann nicht verstehen, warum sie während der Ausgangssperre nicht mehr die Treppe hinunterlaufen und spazieren gehen darf. Ihre Tochter steht vor einer schwierigen Entscheidung: entweder aus der Stadt zu fliehen und ihre Mutter dem Tod zu überlassen oder hierzubleiben und wahrscheinlich mit ihr zu sterben. Es ist eine Wahl wie im Film »Sophies Entscheidung«, aber eine viel einfachere, denn die meisten Menschen, die ältere Verwandte haben, entscheiden sich dafür, in Charkiw zu bleiben. Für sie ist es eine klare Wahl.

Aber nicht für alle. Die durchlöcherten Hochhäuser in Nord-Saltiwka sind immer noch bewohnt. Die Menschen, die dort leben, sind meist alt und gebrechlich, und ihre geliebten Söhne und Töchter haben sie dort zurückgelassen.

Auch sie hatten Sophies Wahl, haben sich aber anders entschieden.

Die Invasoren lassen gerne Bomben und Raketen auf Schulen und Kindergärten fallen, vor allem auf Kindergärten. Oder vielleicht auch nicht: In der Region Charkiw wurden dreißig Schulen zerbombt und nur siebenundzwanzig Kindergärten. Dort gibt es keine Kinder mehr, also machen die Russen das aus symbolischen Gründen oder einfach nur so, glaube ich. Aber auch eine Rakete, die auf eine leere Schule abgefeuert wird, kann ein Menschenleben kosten.

Die Schwiegermutter meines Freundes arbeitet seit fünfundvierzig Jahren in der Schule. Nachdem eine Bolwanka die Klasse getroffen hatte, in der sie arbeitete, beschloss sie, sich ihren Verwandten anzuschließen, die bereits aus Charkiw geflohen waren. Doch als sie Lwiw erreichten, konnte sie die nervliche Anspannung nicht mehr ertragen und erlitt einen Schlaganfall. Jetzt kann sie sich weder bewegen noch sprechen. Es geschah vor vier Tagen und sie zeigt keine Anzeichen von Besserung. Vielleicht wird sie sich nie mehr bewegen oder nie mehr sprechen können. Sie liegt einfach auf ihrem Bett, so regungslos wie die Bolwanka, die gegen die Wand ihres Klassenzimmers krachte, wo sie fünfundvierzig Jahre lang Kinder unterrichtet hatte.

WURST

8. März 2022

600 000 Menschen haben Charkiw bereits verlassen, ein Drittel der gesamten Bevölkerung der Stadt. Die anderen zwei Drittel sind noch hier, schweigend, aber standhaft wie ein Fels.

In dieser Nacht werden wir um 4:35 Uhr durch besonders lautes Artilleriefeuer aus den Betten geworfen. Dann hören wir das Geräusch, das wir am meisten hassen: das laute Rumpeln eines Militärflugzeugs. Eine weitere Artilleriesalve – und das Geräusch des Flugzeugs verklingt. Uns hat es dieses Mal nicht getroffen. Das Flugzeug war auf dem Weg ins Stadtzentrum.

Heute ist Internationaler Frauentag. Wir sollen unseren geliebten Frauen Geschenke machen und Blumen überreichen, doch es gibt weder Geschenke noch Blumen, stattdessen werden wir heute Wurst essen. Ich habe nie zuvor gewusst, wie wichtig es ist, Wurst essen zu können. Sie schmeckt einigermaßen, ist nahrhaft und kann sehr schnell gegessen werden, ohne dass man Zeit zum Kochen braucht. Sie ist das Beste, das wir für den Festtagstisch haben.

Andererseits glaube ich nicht, dass es in Charkiw einen Mangel an Wurst gibt. Vor ein paar Tagen wurde Wurst sogar kostenlos verteilt. Das geschah auf dem Gelände eines Krankenhauses, unweit von dem Ort, an dem ich wohne. Die Leute standen dort in einer Brotschlange, als ein Lastwagen auftauchte und jemand begann, gratis Wurst zu verteilen.

Die Menschen bildeten eine weitere ordentliche Schlange, und die meisten bekamen sowohl Brot als auch Wurst.

Aber am nächsten Tag tauchte der Lastwagen mit der Gratiswurst wieder auf, zur gleichen Zeit und am gleichen Ort. Jetzt waren die Leute bereit, sie hatten darauf gewartet. Sie ließen sich von der anfänglichen Überraschung nicht beirren und fielen über den Lastwagen her wie ein Mob. Das hätte böse enden können, denn ein Mob ist ein Mob, egal ob er wütend oder hungrig ist, aber die Freiwilligen mit der Gratiswurst fanden schnell einen Ausweg: Sie begannen, den Leuten die Wurst zuzuwerfen. Das taten sie so lange, bis sie ihnen ausging. Niemand wurde verletzt, alle waren traurig und zufrieden zugleich.

Das sah aus wie etwas, das ich vor einiger Zeit in einem Internetvideo gesehen habe. Ein Mann oder eine Frau, ich weiß es nicht mehr, die Hunderte von hungrigen Katzen füttern musste, warf einfach Katzenfutter über die Köpfe der Katzen, wie ein biblischer Säer auf einem Feld. Künftige Psychologen und Soziologen werden solche Dinge studieren, denke ich. Menschen sind immer Menschen, sie haben Instinkte, und ihre Instinkte werden stärker, wenn sie sich in einer großen Menschenmenge befinden, wenn sie hungrig sind oder Angst haben. Vor allem, wenn eine große Menschenmenge gleichzeitig hungrig und verängstigt ist.

Der Lastwagen mit der Gratiswurst war am nächsten Tag nicht mehr da.

Nun haben die Leute, die die Würstchen verteilten – ich habe keine Ahnung, wer sie sind –, eine neue Methode erfunden, um den Menschen zu helfen. Sie verteilen die Wurst über Lebensmittelgeschäfte. Jetzt ist sie zwar nicht mehr kostenlos, aber viel günstiger als früher. Die Menschen haben momentan nicht viel Geld, weil niemand arbeitet, niemand ein Gehalt bekommt, niemand Geld von seinem Bankkonto abheben kann, aber die meisten haben genug Hrywnja, um ein oder zwei Kilo billige und schmackhafte Wurst zu erstehen.

Wir haben also eine Menge Würste gekauft, essen sie und fühlen uns einigermaßen glücklich. Nicht wegen der Wurst, sondern weil wir schon seit sieben Stunden nicht mehr bombardiert, beschossen oder ausgebrannt werden und weil es so aussieht, als würden die ukrainischen Truppen bald in die Offensive gehen.

Es gibt ein Sprichwort, sowohl im Russischen als auch im Ukrainischen: »Bobik zdoh.« Es bedeutet so viel wie: »Der Köter ist verreckt.« Jeder hofft heute, dass der russische Köter bereits abgekratzt oder dabei ist, endgültig zu krepieren, aber niemand sagt es laut, um das Glück nicht zu verhexen.

Natürlich wissen wir ziemlich genau, dass der russische Köter noch nicht ganz tot ist, denn in diesem Moment bombardiert, beschießt und verbrennt er Saltiwka, einen Stadtteil von Charkiw, in dem 500 000 Zivilisten leben.

ROSA FLUGZEUGE
8. März 2022

Der 8. März war in weiten Teilen der Sowjetunion schon immer ein besonderer Feiertag, und er ist es auch heute noch in den meisten Ländern, die auf ihren Ruinen gewachsen sind, insbesondere in Russland und der Ukraine. Er ist ein ebenso wichtiger Tag wie Neujahr oder der Geburtstag eines Menschen. Jeder Junge oder jeder Mann sollte heute allen Frauen gratulieren, die er kennt, liebt oder mit denen er irgendwie verbunden ist. Wenn es jemand versäumt, seine Glückwünsche zu übermitteln, ist dies ein Zeichen für ernsthafte Probleme.

»Herzlichen Glückwunsch«, sage ich zu meiner Frau, als sie ihre Augen öffnet.

»Okay«, sagt sie, und das reicht für den Moment. Dann bekommt sie eine SMS nach der anderen mit Glückwünschen. Ich werde Zeuge von etwas, das noch nie passiert ist: Heute, am 8. März 2022, gratulieren nicht nur Männer, sondern auch Frauen Frauen, und das klingt gar nicht so falsch. Frauen schicken anderen Frauen Liebeslieder, gesungen von einem hübschen Mann aus der Vorkriegszeit. Frauen schicken anderen Frauen Fotos und Zeichnungen von schönen Blumen.

Unsere Nachbarin aus dem zwölften Stock, die erst nicht glauben konnte, dass der Krieg begonnen hatte, dann die Bombardierung beobachtete und dabei Heavy-Metal-Songs hörte, dann in der gusseisernen Badewanne schlief, hat heute besonderes Glück: Sie hat das Foto einer Postkarte von einem Mann erhalten. Es ist ein sehr lustiges Foto.

Erstens ist es ganz rosa. Zweitens ist es aus Rostow, und Rostow ist in Russland. Und zu guter Letzt sind auf dem Bild rosa Flugzeuge zu sehen, die auf uns zufliegen. »8. März« steht darauf geschrieben.

»Er arbeitet als Fluglotse«, erklärt die Nachbarin entschuldigend.

Einer Frau in Charkiw zu gratulieren, indem man ihr ein Bild mit Flugzeugen schickt, die von Russland aus fliegen, mag der Gipfel des Zynismus sein. Der Anblick dieser rosafarbenen Flugzeuge erinnert uns sofort an den Kampfjet, der vor acht Stunden über unsere Köpfe hinwegflog und uns so schnell aus dem Bett springen ließ, als würde Strom durch unseren Hintern fließen. Doch das hat nichts mit Zynismus zu tun, sondern vor allem mit Ignoranz. Die Russen, die weit weg vom Krieg sind, wissen nichts über die ukrainische Realität. Sie leben wie in einem Traum, wie jemand, der von seinen Träumen umfangen schläft und lächelt, während sein Haus bereits Feuer gefangen hat.

Ich stelle mir den Mann aus Rostow vor, der die beste Postkarte aussuchen will und sich mit einem sanften Lächeln für die mit den rosa Flugzeugen entscheidet. Er wollte uns keine neuen Bomber schicken. Er sieht nur die Realität nicht, und wahrscheinlich will er sie auch nicht sehen.

Aber die Realität ist hier einfach. Sie sieht so aus: Unsere Nachbarin hat uns vor kurzem besucht, weil sie ein Desinfektionsmittel brauchte. Sie brauchte es, weil ein paar Tage lang eine Leiche auf dem Treppenabsatz vor ihrer Tür gelegen hat. Sie hat versucht, die Polizei zu rufen, aber die ist nicht erschienen. Als die Leiche anfing, einen fauligen Geruch zu verströmen, war sie plötzlich verschwunden. Dann sah sie die Leiche wieder, in der Mülltonne vor ihrem Haus.

»War es die Leiche eines Mannes oder einer Frau?«, fragten wir sie.

»Ich weiß es nicht«, sagte sie. »Es sah aus wie die eines Kindes.«

Aus der Leiche ist Flüssigkeit auf den Betonboden gesickert, und jetzt braucht sie ein Desinfektionsmittel, um den Fleck zu reinigen.

Eigentlich ist der 8. März ein sehr hilfreicher Feiertag für die Ukrainer. Die zigtausend Russen, die bereits in den Schlachten getötet, gefangen genommen oder schwer verletzt wurden, werden es versäumen, ihren Liebsten, Müttern und lächelnden Töchtern in Russland zu gratulieren, und die Frauen werden aus ihren süßen Träumen aufwachen und endlich merken, dass ihr Haus brennt. Und sie werden sich nicht mehr in den Schlaf weinen können.

Je weniger Russen ahnungslos leben, desto besser.

SCHÖNHEIT
9. März 2022

Charkiw ist eine Schönheit. Ich meine, war. Noch vor zwei Wochen war Charkiw so schön wie ein fein gearbeitetes Juwel. Jetzt ist die Stadt ein Grauen.

Es ist fast unmöglich, sich in ihr fortzubewegen, und die Leute sagen, dass die Hälfte des Stadtzentrums zerstört sei. Die Hälfte der Einzigartigkeiten, die einst das Herz, das Blut, die Seele der Stadt ausmachten, liegt nun in Trümmern.

Ich weiß, dass das Opernhaus beschädigt ist, aber ich habe keine Ahnung, wie stark. Ich weiß, dass eine Bombe auf das Glasdach des Schwimmbads gefallen ist, in dem ich als achtjähriger Junge schwimmen gelernt habe. Das Schwimmbad hatte riesige Unterwasserfenster, durch die an schönen Tagen das Sonnenlicht ins Wasser und auf die weißen Fliesen fiel. Dieses Licht verlieh dem Wasser eine natürliche Qualität, und man hatte das Gefühl, in einem See oder Meer zu schwimmen, das so klar ist, dass man beim Blick nach unten nicht weiß, ob man schwimmt oder fliegt.

Ich weiß nicht, was aus dem Delphinarium geworden ist, das auch Unterwasserfenster besitzt. Ich erinnere mich, als ich dort war, schwammen Delfine und Weißwale von innen auf sie zu. Sie lächelten und sahen mich mit ihren klugen Augen an, wahrscheinlich fragten sie sich, wer ich bin und was ich über sie dachte, bevor sie wegschwammen und ihr Spiel fortsetzten. Es ist nicht schwer, sich vorzustellen, was mit einem Delphinarium, das eigentlich ein riesiges

Fischbecken ist, passiert, wenn eine Bombe oder Rakete es trifft.

Ich weiß aber ganz genau, was mit dem Ecopark passiert ist. Er wurde bombardiert. Einige Tiere sind weggelaufen, aber die meisten blieben in ihren Käfigen, unbeaufsichtigt, und starben vor Hunger und Durst. Ich weiß, dass einige Affen dort ihre Babys bekamen, winzige orangefarbene Klumpen Leben, die einen mit ihren riesigen Augen anschauten. Ein paar Tage nach der Bombardierung kehrten zwei Mitarbeiter des Ecoparks zurück, um die sterbenden Tiere zu füttern. Einige Russen zerfetzten sie mit automatischen Waffen. Als meine Frau davon erfuhr, war sie besonders empört. Sie konnte das nicht begreifen.

»Was für ein Tier muss man sein, wenn man Menschen tötet, weil sie Tiere füttern wollen?«, fragt sie immer wieder.

Nein, man muss kein Tier sein, um das zu tun. Man muss ein Mann sein, der in Russland geboren wurde, in Russland aufgewachsen ist und mit der giftigen Milch der russischen Fernsehpropaganda über »ukrainische Nazis« gestillt wurde. Waren die Menschen, die versucht haben, die sterbenden Tiere zu füttern, Nazis? Oder waren die hungrigen Affen vielleicht Nazis? Oder waren ihre neugeborenen Babys, die vor Hunger und Durst starben, Nazis?

Ich habe zwei Cousins, die in Russland leben. Ich habe vor dreißig Jahren jeglichen Kontakt zu ihnen verloren. Ich weiß, dass sie russische Militärschulen absolviert und in der Armee gedient haben oder noch immer dienen. Ich hoffe, dass es nicht sie waren, die mit Maschinengewehren auf Menschen geschossen haben, die versuchten, Tiere zu füttern. Ich hoffe, dass es nicht sie waren, die das befohlen haben.

Ich weiß, dass eine Bombe auf das Dach des Sportkomplexes geworfen wurde, den ich vor vielen Jahren besuchte, als ich Student der Universität Charkiw war. Damals war es eine moderne Anlage, und ich erinnere mich, dass sie noch nach Farbe und Politur roch. Dreißig Jahre später trainierte meine Tochter dort Fechten, als sie an der gleichen Universität studierte. Damals sah der Sportkomplex noch immer modern aus. Jetzt sind die Dächer und die Wände zerstört, und nur noch dicke Metallträger, die früher das Dach hielten, ragen heraus wie Rippen eines von Aasfressern abgenagten Skeletts.

Charkiw hatte einst das älteste und längste Straßenbahnsystem der Ukraine oder vielleicht sogar der Welt. Wenn ich eine verbrannte Straßenbahn sehe, von Granaten durchlöchert, mit zerborstenen Fenstern, aber immer noch auf den Gleisen stehend, frage ich mich, ob alle Passagiere darin Nazis waren oder vielleicht nur der Fahrer.

DENKMÄLER
9. März 2022

Ich sehe mir gerade ein Video an, das einer dieser Idioten aufgenommen hat, die Saltiwka beschießen. Er ist ein Russe vom Typ Jurij Gagarin: weder dick noch dünn, mit einem runden Gesicht und einem Lächeln, das weich und fest zugleich wirkt. Ein russischer Junge, der aus einer Militärdynastie stammt, der eine Militärschule besucht hat, der stolz darauf ist, eine Militäruniform zu tragen.

Ich bin sicher, er marschiert gerne bei Militärparaden mit. Wer tut das nicht? Er ist nicht völlig dumm, aber auch nicht klug. Er wird nie etwas Neues erfinden, wird nie ein Buch schreiben, aber wenn ein Haus brennt, rettet er vielleicht ein Kind aus dem Feuer.

Er erklärt, dass sie diese Gebäude jetzt beschießen würden, weil sich dort ukrainische Nazis versteckten. Die Russen würden sie alle töten. Er zeigt auf die hohen Gebäude von Saltiwka, in denen 500 000 Zivilisten leben. Er winkt mit der Hand, und der Mörser spuckt schwere Granaten aus. Ein anderer Idiot mit ideologischen Würmern in seinem Gehirn lässt ebenfalls ein Gagarin-Lächeln aufblitzen.

»Wir kämpfen für unsere Großväter!«, schreit er. »Für unser Land! Gegen die Faschisten!«

Echt jetzt? Für *euer* Land? Das ist die beste Art von Russen.

Der einfachste Weg, die Seele einer Stadt zu verstehen, ist wahrscheinlich, sich ihre Denkmäler anzusehen. Nachdem mittlerweile alle Denkmäler für Wladimir Lenin und andere merkwürdige Monster des Kommunismus von ihren Sockeln gestürzt wurden, lässt sich erkennen, dass die Denkmäler von Charkiw wirklich einzigartig sind.

Man findet hier ein Denkmal für verliebte Menschen, ein Denkmal für den ersten Traktor, ein Denkmal für den Apostel Andreas, ein Denkmal für einen nachdenklichen Schimpansen, einige Denkmäler für Märchenfiguren, ein Denkmal für einen Hirsch, ein Denkmal für Hühnereier, ein Denkmal für einen Bären mit einem Fisch, ein Denkmal für den Erzengel Michael, ein Denkmal für einen Fußball, ein Denkmal für einen Schornsteinfeger, ein Denkmal für Ohren, ein Denkmal für Radfahrer, ein Denkmal für jemanden, der Programmieren studiert, und ein Denkmal für den fünfzigsten Breitengrad. Diese Aufzählung erinnert ein wenig an Jorge Luis Borges.

Die meisten dieser Denkmäler entstanden unter Bürgermeister Hennadiy Kernes, der eine Art jüdischer Don Corleone war. Kernes warb stets für eine gesunde Lebensweise. Wenn er joggte, joggten seine Leibwächter hinter ihm her. Eines Tages sah ich ihn an der Quelle in Sarschyn Yar, wo er duschte, umgeben von einfachen Leuten. Er unterhielt sich mit ihnen wie ein gutmütiger Monarch. Er erzählte ihnen sogar eine lustige Geschichte über Juden, die antisemitische Untertöne hatte. Da er selbst Jude war, konnte er das tun.

Einige Tage später wurde ein Attentat auf ihn verübt. Die Kugel des Scharfschützen verletzte seine Wirbelsäule. Seit diesem Tag bewegte er sich nur noch im Rollstuhl und regierte, wie er wollte. Charkiw wurde von Tag zu Tag schöner, weil Kernes die Stadt liebte und schätzte.

Der alte Zentralpark, der im neunzehnten Jahrhundert

als Kopie des Waldes von Boulogne angelegt worden war, wurde modernisiert. Einen anderen alten Park, den Schewtschenko-Park, ließ er in eine perfekte Touristenattraktion verwandeln. Jetzt werden diese Orte bombardiert, zertrümmert und verbrannt. Kernes starb in der Berliner Charité, nachdem er sich mit Corona infiziert hatte. Einer seiner Sprüche war: »Ich multipliziere dich mit null.«

»Okay, stirb, wenn du unbedingt willst«, scherzen die Leute über die russischen Invasoren, die die Schönheit von Charkiw zerstören, »aber denk daran, dass du in die Hölle kommst, und Kernes wird dort auf dich warten. Er wird dich dort mit null multiplizieren für alles, was du getan hast.«

Der junge Mann mit dem Gagarinschen Lächeln wird wahrscheinlich bald unseren Bürgermeister treffen. Es ist schade, dass er so jung sterben muss. Es gibt so viele Mädchen, denen er Blumen hätte kaufen, so viele Kinder, die er aus brennenden Häusern hätte retten können.

DIE MAUS
9. März 2022

Wir sind jetzt eine zehnköpfige Familie: meine Frau Lena und ich, meine Tochter Ann, ihr Freund Witalik, fünf Katzen und eine Maus. Wir leben zusammen in zwei Zimmern und finden das sicherer, als über die große Stadt verstreut zu sein. Der Maus macht es nichts aus, die Katzen um sich zu haben. Sie ist jung und unerfahren und weiß nicht, dass Katzen sie fressen können.

In dieser Hinsicht ähnelt sie uns allen, die wir nur achtunddreißig Kilometer von der russischen Grenze entfernt leben und uns immer geweigert haben zu glauben, dass die Russen angreifen könnten. Wir haben die Russen immer als eine Art Brüder betrachtet. Die Maus, die eigentlich ein Zwerghamster ist, nimmt die Katzen wahrscheinlich als große, pelzige Brüder wahr.

Vor zwei Tagen wurde Witalik verhaftet. Und das ist so passiert: Er und Ann wohnen eigentlich in einem Teil der Stadt, der ziemlich stark beschossen wurde. Als sie das nicht mehr ertragen konnten, packten sie ihre Sachen und versuchten, ein Taxi zu rufen. Keines antwortete, also schnappten sie sich ihre Taschen und den Karton mit ihrem Hamster, den sie als Maus bezeichnen, und gingen zu Fuß von zu Hause weg.

Irgendwo auf dem Weg fanden sie dann doch noch ein Taxi. Der Fahrer verlangte eine astronomische Summe für eine fünfzehnminütige Fahrt, aber sie kamen sicher zu dem

Ort, an dem einer ihrer Freunde gewohnt hatte, bevor er die Stadt verließ. Sie richteten sich in seiner Wohnung ein. Die neue Nachbarschaft schien ruhiger zu sein, aber die Nachbarn wurden durch Bombenexplosionen in Angst und Schrecken versetzt, was ein Zeichen für Ärger war.

Auf dem Balkon ihrer neuen Wohnung stand eine helle Lampe. Die verängstigten Nachbarn glaubten, sie diene dazu, Signale an feindliche Flugzeuge zu senden. Sie wiesen Ann und Witalik darauf hin, sie niemals brennen zu lassen. Doch dann gab es eine Nacht mit einem schweren Bombenangriff, das Haus bebte, und das elektrische Licht blinkte mehrmals. Irgendwie schaltete sich die Lampe auf dem Balkon von selbst ein. Als die verängstigten Nachbarn das sahen, beschlossen sie, gegen die vermeintlichen Saboteure vorzugehen. Ein mit Knüppeln bewaffneter Mob stürmte die Wohnung, drückte Witalik an die Wand und rief die Polizei.

Diesmal war die Militärpolizei schnell zur Stelle. Sie hatten Maschinengewehre und waren entschlossen, unerbittlich und todernst. Als sie erfuhren, dass Witalik aus Luhansk stammte, sagten sie: »Jetzt bist du erledigt, Kumpel.« Luhansk ist seit acht Jahren von den Russen besetzt. Als sie dann noch feststellten, dass er einen in Luhansk hergestellten Rucksack und Militärstiefel trug, sagten sie, dass nur die dümmsten Saboteure so leicht auffliegen könnten.

Dann fragte Ann sie, ob sie ihre Maus mitnehmen dürfe. Die Männer guckten den Zwerghamster an, und der schaute sie mit seinem unschuldigsten Blick an. Die Polizisten lächelten, als sie das lustige Tier sahen, und erkannten wohl, dass ein Mädchen mit einer Maus als Haustier kaum eine abgebrühte Saboteurin sein konnte. Sie ließen sie nicht nur laufen, sondern brachten sie sogar zu uns, ihren Eltern. Ich glaube, sie hatten recht: Es ist keine leichte Aufgabe, in einer bombardierten Stadt herumzulaufen, feindlichen Flugzeugen Lichtsignale zu geben und gleichzeitig einen Karton mit einer lustigen, verwöhnten Maus bei sich zu tragen.

Am nächsten Tag ließen sie Witalik frei. Jetzt leben wir also alle zusammen: vier Menschen, fünf Katzen und eine Maus, die eigentlich ein Zwerghamster ist. Die verängstigten Nachbarn – ich hoffe, dass sie alle überleben werden – werden ihren Kindern und Enkeln einst eine Horrorgeschichte über den Tag erzählen, an dem sie Saboteure überfallen haben, die feindlichen Flugzeugen Signale gaben. Die Leute werden jetzt ein bisschen verrückt.

Auch ich werde ein wenig verrückt. Seit dem Tag, an dem ich Schüsse von Panzern vernahm, die so nah waren, dass ich das Gefühl hatte, sie schlügen mir ein Kissen um den Kopf, höre ich in meinem Innern ständig ein schwaches Telefonklingeln. Es läutet die ganze Zeit. Ich weiß, dass es kein Telefon gibt, aber ich höre es trotzdem immer wieder.

MILITÄRISCHE ANGEMESSENHEIT
9. März 2022

Heute bombardieren sie uns länger als sonst. Gegen 10 Uhr abends schauen wir aus dem Fenster und sehen, dass etwas Großes hell brennt und den halben Himmel erstrahlen lässt. Die Wolken sehen über dem nördlichen Teil des Horizonts unheimlich rosa aus.

Ein paar Minuten später schickt uns unsere Nachbarin aus dem zwölften Stock ein paar Bilder, die sie aus ihrem Fenster aufgenommen hat. Jedes Bild ist auf seine Art schön, denn die Aussicht aus ihrem Fenster ist wirklich fantastisch. Es ist wie der Blick aus dem London Eye: die ganze große Stadt, die sich bis ins Unendliche erstreckt.

Sie schickt uns ein Bild, das in der Morgendämmerung aufgenommen wurde, wenn sowohl die Stadt als auch der Himmel rosa und blau sind, und sie schickt uns ein Bild der abendlichen Stadt, das wahrscheinlich vor langer Zeit geschossen wurde, weil die Stadt darauf von den Straßenlaternen gelb erleuchtet ist. Sie schickt uns ein Bild von der Stadt am helllichten Tag, wenn alles weiß, gebrochen weiß und grau unter dem strahlend blauen Himmel ist. Und das letzte Bild wurde vor ein paar Minuten aufgenommen. Darauf ist ein feuriger Pilz zu erkennen, der wie eine Atomexplosion aussieht.

Wir wissen aber ganz genau, dass es keine Atomexplosion ist. Es ist nur eine Bombe, die etwas Großes getroffen hat. Bald erfahren wir, dass es das Nikolskyj-Einkaufszentrum war, das größte und teuerste Einkaufszentrum in Charkiw.

An diesem Wunderwerk der modernen Architektur wurde fast dreißig Jahre lang gebaut, und es wurde erst vor ein paar Jahren fertiggestellt. Ich hatte keine Zeit, es zu besichtigen, aber die Leute sagen, es verkaufe überteuerte Dinge. Nur das Dach und der vierte Stock wurden zerstört, und ich hoffe, dass sie es nach dem Krieg wieder aufbauen werden.

Eine noch viel schlimmere Nachricht kommt aus Mariupol, wo die Russen Bomben über einer Geburtsklinik und einem Kinderkrankenhaus abgeworfen haben. Das Merkwürdige daran ist, dass sie es nicht aus Versehen getan haben. Sie haben sowohl das Entbindungsheim als auch das Kinderkrankenhaus absichtlich bombardiert.

Eine Zeit lang konnte ich das nicht begreifen. Wie konnte ein General sagen: »Glückwunsch, Soldaten! Jetzt fliegen Sie, um eine Geburtsklinik zu bombardieren!«

»Hurra!«, schreien die Piloten daraufhin »Darauf haben wir schon so lange gewartet!«

Wie kann irgendjemand auf der Welt absichtlich eine Bombe auf eine Geburtsklinik werfen?

Später fand ich heraus, wie das möglich war. Vier Stunden vor dem Abwurf der Bomben gaben die Russen bekannt, dass sie wüssten, dass die ukrainische Armee alle Patienten aus dem Kinderkrankenhaus und der Geburtsklinik vertrieben und dort ihre Feuerstellungen eingerichtet habe. Sie sagten, dass nur Terroristen so etwas tun könnten und dass alle Terroristen getötet werden sollten, und bla, bla, bla. Das Einzige, was sie nicht zu erklären vermochten, war, warum die ukrainische Armee ihre Feuerstellungen ausgerechnet im Zentrum der von ihr kontrollierten Stadt einrichten musste. Und wer denn die Personen in ihrer eigenen Stadt waren, auf die sie von dort aus schießen wollten.

Eine weitere Sache, die ich lange Zeit nicht verstehen konnte, waren ihre Gründe. Warum sollte jemand eine Geburtsklinik bombardieren und schwangere Frauen ruß-, tränen- und blutverschmiert aus dem brennenden Gebäude rennen lassen, zwischen den Bäumen hindurch, die wie verbrannte Streichhölzer dastehen? Keine von ihnen war in der Lage, sich ein Maschinengewehr zu schnappen und auf jeden Russen zu schießen, den sie in der Nähe ausfindig machen konnte. Warum dann? Eine Stunde später sagte jemand von der ukrainischen Regierung, dass es nach diesem Vorfall einen ganz anderen Krieg geben werde. Das war also der Grund. Es war die militärische Angemessenheit der getroffenen Maßnahmen.

Nach dem, was sie getan haben, werden die Russen nicht mehr so leicht aufgeben können wie zuvor. Gerade gestern haben sich viele von ihnen, vor allem Rekruten, absichtlich in ukrainischen Wäldern und Sümpfen verirrt und sich von irgendwelchen Bäuerinnen einfangen lassen. Sie taten das, weil viele von ihnen merkten, was vor sich ging, und leben wollten. Aber jetzt, nachdem sie Kinder und schwangere Frauen bombardiert haben, werden sie es sich zweimal überlegen. Oder sogar dreimal.

Nicht weit von meinem Haus entfernt gibt es einen Luftschutzkeller, in dem eine Frau wohnt, die ihr Baby in zehn Tagen erwartet. Sie will verständlicherweise nicht nach draußen gehen. Zum Glück gibt es im Internet Links zu israelischen Ärzten, die einem online bei der Geburt helfen können. Aber das Problem ist, dass jeder, der tagelang in unseren Luftschutzbunkern (eigentlich sind es Keller) bleibt, sehr, sehr schmutzig ist. Das ist nicht gut für ein Baby.

TENNISSPIELER
10. März 2022

Charkiw ist eine Stadt der Tennisspieler. Elina Switolina und Leonid Stanislawskyj stammen aus Charkiw. Ich denke, die meisten Menschen, die regelmäßig einen Tennisschläger in der Hand halten, wissen, wer Elina Switolina ist, oder haben zumindest ihren Namen schon einmal gehört. Ich möchte Ihnen daher etwas über Leonid Stanislawskyj erzählen. Er wird in ein paar Tagen achtundneunzig Jahre alt. Er ist Guinnessbuch-Weltrekordhalter als ältester Tennisspieler der Welt.

Leonid Stanislawskyj ist cool und charismatisch: Er nimmt immer noch an Turnieren teil, er kennt Roger Federer persönlich und hat mit Rafael Nadal gespielt. Er spielt sogar im Einzel, und mit fast achtundneunzig Jahren sprintet er, um schwierige Bälle zu erreichen. Ich habe ihn rennen sehen, mit eigenen Augen. Er wohnt jetzt in Charkiw, obwohl seine Tochter, die in Polen lebt, ihn gebeten hat, von hier wegzugehen.

Im Moment kann er nicht Tennis spielen, aber er ist recht optimistisch. »Ich habe Probleme mit meinem Gehör«, sagt er lächelnd, »deshalb kann ich nachts gut schlafen.« Er sagt, er werde mindestens hundert Jahre alt werden und Tennis spielen. Ich hoffe, er schafft das.

Er sagt auch, dass er nach dem Zweiten Weltkrieg nie gedacht hätte, dass er einen noch schrecklicheren Krieg erleben müsste.

Einen noch schrecklicheren Krieg. Das sagt ein Mann, der 1942 achtzehn Jahre alt war. Ein Mann, dessen Generation durch den brutalsten Krieg der Geschichte weitgehend ausradiert wurde. Aber dieser Krieg sei schlimmer, meint er.

Eine mit uns befreundete Familie, in der alle Tennis spielen, hielt sich tagelang im Keller unter ihrem Haus auf und beobachtete die Bomben und Raketen, die über ihre Köpfe hinwegflogen. Als sie das nicht mehr ertragen konnten, sammelten sie ihre Habseligkeiten und liefen davon. Leider begann zu dieser Zeit ein weiterer schwerer Bombenangriff. Aus irgendeinem Grund konnten sie ihr Auto nicht benutzen, und kein vernünftiger oder verrückter Taxifahrer wollte sie zum Bahnhof bringen, also mussten sie sieben oder acht Kilometer durch das Stadtzentrum laufen, entlang der Straßen, die bombardiert wurden, unter dem unaufhörlichen Feuerwerk von Granaten und Raketen.

Leider dauerte dieser Weg zu lange. Die Ausgangssperre stand kurz bevor, als sie noch ein paar Blocks zu laufen hatten. Sie versuchten, in einer U-Bahn-Station Unterschlupf zu finden, aber niemand ließ sie hinein. Sie konnten sich nirgendwo verstecken.

Jeder, der nach der Ausgangssperre auf der Straße auftaucht, kann sofort erschossen werden, sodass die Gefahr eines Beschusses durch die eigenen Truppen immens war. Sie rannten mit erhobenen Händen weiter. Das ist keine leichte Aufgabe, wenn man schwere Taschen mit sich tragen muss. Was hatten sie noch in den Händen? Tennisschläger, natürlich. Jeder Tennisspieler, der etwas auf sich hält, würde lieber auf Essen, Wasser oder Kleidung verzichten als auf seinen Tennisschläger. Daran können auch noch so viele Bomben und Granaten nichts ändern.

Jetzt sind sie in Dänemark. Sie erhalten freie Kost und Logis. Das Essen sei wirklich gut, aber die Unterkunft eher mäßig. Sie haben sogar etwas Taschengeld bekommen. Aber das Wichtigste, das sie brauchen, ist natürlich ein Tennisstadion.

Viele unserer Freunde, die Tennis spielen, leben im Zentrum von Charkiw. Die Bombardierungen dort sind die schwersten, sodass einige von ihnen ihr Zuhause verloren haben. Andere haben alles verloren, außer ihren Schlägern und Tennisschuhen – den einzigen Dingen, die sie noch mitnehmen konnten. Aber wenn man seinen Schläger und die Tennisschuhe bei sich hat, dann geht das Leben weiter.

10. März 2022. Heute wurde in Charkiw das heiße Wasser abgestellt, wahrscheinlich bis nach dem Krieg. Die Zentralheizung funktioniert aber noch. Die Vorhersage für die nächsten Tage lautet minus sechzehn Grad Celsius. Das ist die gleiche Temperatur wie in einer Tiefkühltruhe.

EIN KALTER TAG
11. März 2022

Vor sehr langer Zeit, in den Achtzigerjahren, als ich gerade meine Arbeit als Lehrer in Charkiw aufgenommen hatte, beschloss ich, die sogenannten »grundlegenden Unterrichtsmaterialien« zu studieren, die das Bildungsministerium an alle Schulen verschickt. Ich erwartete, dort neue und interessante pädagogische Ideen zu finden. Damals war die Ukraine Teil der UdSSR, und natürlich wurden die Materialien von deren Bildungsministerium verschickt.

Ich hatte nun also einen kompletten Satz Unterrichtsmaterialien aus den Fünfzigerjahren und fragte mich, wie kleine Kinder im Jahr 1964, dem Jahr meiner Geburt, unterrichtet worden waren und was sie zu lernen hatten. Ich öffnete die entsprechende Kartonmappe und las als Erstes: »Das oberste Ziel eines jeden Lehrers ist es, den Hass auf … zu kultivieren.« Ob gegen irgendwelche bürgerlichen Ausbeuter oder irgendein anderes ideologisches Schreckgespenst – ich kann mich nicht mehr genau erinnern.

Ich war schockiert. Das bedeutete, dass in dem Moment, da ich auf die Welt kam, da ich meinen ersten Atemzug tat, meine Augen öffnete und meinen ersten Schrei ausstieß, bereits jemand in der Nähe stand, der entschlossen war, in mir Hass zu kultivieren. Das war die Realität der Sowjetunion, und das ist die alltägliche Realität des modernen Russlands, das eine verschlimmbesserte Version der Sowjetunion darstellt. Jene Russen, denen man von Geburt an beigebracht hat zu hassen, haben die Kunst des Hasses perfektioniert.

Der 11. März 2022 ist ein sehr kalter Tag. Ich laufe eine schneebedeckte Straße entlang. Der Nebel, in der Luft gefroren, funkelt in der Sonne wie Hunderte kleiner Sterne. Der sonnenbeschienene Schnee ist so hell, dass es wehtut, ihn anzublicken, also schließe ich meine Augen. Die Innenseite meiner Augenlider wirkt grünlich glänzend.

Als ich die Augen wieder öffne, erscheint der Schnee rosa. Die Nachbarschaft ist heute fast friedlich. Als einziges Zeichen des Krieges, abgesehen vom ständigen Artilleriebeschuss, steht ein verbranntes Auto nicht weit von meinem Haus. Es ist so deformiert, dass es ein Exponat in einem Museum für moderne Kunst sein könnte. Die Russen beschießen vor allem den Norden und Osten der Stadt; ihre Flugzeuge werfen außerdem gerne Bomben auf das Zentrum, und wir haben das Glück, im südlichen Teil von Charkiw zu wohnen.

Ich bewege mich auf ein riesiges Porträt von Taras Schewtschenko zu. Es bedeckt die gesamte Wand eines sechzehnstöckigen Gebäudes und ist das größte Wandbild des ukrainischen Nationalschriftstellers in der Welt. Die Russen sind noch nicht auf die Idee gekommen, es zu zerstören, aber sie könnten es irgendwann in der Zukunft tun.

Ich denke, die Menschen, die hinter der Mauer mit dem Wandgemälde leben, dürfen sich nicht geschützt fühlen. Sie sollten sich fürchten. Selbst Fußgänger versuchen, dem riesigen Porträt von Taras Schewtschenko nicht zu nahe zu kommen.

Ich biege rechts ab und erblicke bald eine lange Reihe von Autos. Zuerst denke ich, dass sie leer sind, weil ich keinen Menschen darin sehen kann, aber dann begreife ich, dass es sich um eine Warteschlange vor einer Okko-Tankstelle handelt. Es ist unmöglich zu zählen, wie viele Autos hier anstehen; bis zum Ende der Straße erstreckt sich die Schlange.

Ich gehe langsam an den vereisten Windschutzscheiben vorbei, als ich ganz in der Nähe einen lauten Knall höre. Der Alarm an einem der Autos geht los. Er heult auf, der Ton geht ein paar Sekunden lang auf und ab, dann löst ein neuer Knall den Alarm von zwei weiteren Autos aus. Phlegmatisch biegt der weiß-grüne Okko-Tankwagen um die Ecke.

Ich gehe weiter an der Reihe der Autos entlang. Ich denke, dass ich bald erkennen werde, wo sie endet, aber nein, ich habe mich geirrt, als ich dachte, dass sie nur bis zum Ende der Straße reicht. In Wirklichkeit geht sie in eine andere Straße über, wer weiß, wo sie endet.

Die ganze Zeit über höre ich Artilleriefeuer. Ich habe mich schon so daran gewöhnt, dass ich es manchmal gar nicht mehr wahrnehme. Aber heute geht es mit einem neuen Geräusch einher. Ich bleibe stehen und höre hin. Da ist es – das Rattern von entferntem Maschinengewehrfeuer, was bedeutet, dass gerade jemand jemanden tötet und gerade jemand getötet wird. Es kommt aus der Richtung der Charkiwer Traktorenfabrik, also muss der Kampf etwa vier Kilometer entfernt sein.

Es ist wirklich unangenehm, an einem so kalten und schönen Tag zu sterben, wenn man seine Finger kaum noch spürt und die Haut an den Wangen taub ist, wenn die Luft in der Lunge so schmerzt, als würde man Glasmehl einatmen. Wenn dich eine Kugel in die Brust trifft, fällst du in diesen kalten Schnee, und das Letzte, was du in deinem Leben spürst, ist diese ekelhafte Kälte, nur sie und sonst nichts, und selbst der Tod, der durch die tiefe Wunde in deinem Oberkörper eintritt, erweist sich als eine Form des Erfrierens.

EIN KALTER TAG (2)

11. März 2022

Als ich am Sportpalast vorbeilaufe, sehe ich jemanden auf den Stufen am Eingang sitzen. Zuerst scheint mir, dass es sich um einen alten Mann handelt, denn die sitzende Person hat einen grauen Bart. Das Schneefeld ringsum blendet weiß. Es gibt keine Fußspuren, das heißt der Mann sitzt dort schon seit dem Beginn des nächtlichen Schneefalls, denke ich. Ich frage mich, ob er noch lebt, aber dann bemerke ich, dass er die ganze Zeit seine Hände bewegt, um sich nicht die Finger abzufrieren.

Ich gehe näher heran und stelle fest, dass es sich in Wirklichkeit um eine Frau handelt. Was ich für einen Bart gehalten habe, entpuppt sich als graues Tuch, das die Frau sich in vielen Schichten um den Kopf gewickelt hat. Sie trägt so viele Mäntel, dass sie einer Zwiebel gleicht. Was aber macht sie da? Wahrscheinlich braucht sie Hilfe, denke ich mir. Sie sieht mich an. Sie bemerkt, dass ich stehen bleibe und sie anschaue, aber sie wendet sich ab. Sie braucht meine Hilfe nicht.

Nach den gestrigen Bombenabwürfen haben Hunderte von Wohnungen in Charkiw keine funktionierende Zentralheizung mehr. Die Menschen, die dort leben, können sich entweder in leere Schulen und Kindergärten flüchten, die immer geheizt sind, oder die nächste U-Bahn-Station aufsuchen. Zumindest sagen das die Behörden der Stadt. Die nächste U-Bahn-Station ist nur dreihundert Meter von dem

Platz entfernt, an dem die Frau sitzt. Sie kann aufstehen und dort hingehen, wenn sie das Gefühl hat, dass sie es nicht länger in der Kälte aushält. Aber aus irgendeinem Grund tut sie es nicht.

Gestern wurden zehn feindliche Flugzeuge abgeschossen, eine Rekordzahl. Das bedeutet, dass wir heute weniger Flugzeuge über der Stadt haben werden, dafür mehr Granat- und Mörserfeuer. Russische Piloten sind feige; sie sind nur mutig, wenn die Menschen unter ihnen nicht reagieren können. Keinesfalls wollen sie ihr eigenes Leben riskieren.

»Ich bekam die Zielkoordinaten«, sagt ein gefangener Pilot in einem Internetvideo, »dann aber sah ich, dass es sich um kein militärisches Objekt handelte, sondern um Wohnhäuser.«

»Und was haben Sie dann getan?«, wird er gefragt. »Ich habe die Bomben abgeworfen«, antwortet er. »Soldaten stellen Befehle nicht infrage.«

Auf dem Weg zur Metrostation entdecke ich eine besonders lange Schlange von Menschen, die vor einem Verwaltungsgebäude stehen und auf die Verteilung humanitärer Hilfsgüter warten.

»Was werden sie heute verteilen?«, fragt mich eine Frau. »Ich weiß es nicht«, erwidere ich.

Niemand kennt die Antwort. Die Menschen, die Milch, Öl oder Eier brauchen, hoffen, dass es nicht wie gestern eine Packung Windeln sein wird. Eine Packung Windeln ist unentbehrlich, aber nicht für jeden.

Ich sehe einen zwölf- oder dreizehnjährigen Jungen im Schnee sitzen. Zwei Erwachsene, ein Mann und eine Frau, versuchen, ihn zum Aufstehen zu bewegen. Er steht kurz auf, dann setzt er sich wieder hin.

»Du kannst nicht im Schnee sitzen«, sagen sie, »du könntest erfrieren.« Sie zwingen ihn, wieder aufzustehen. Sie wirken nicht, als ob sie seine Verwandten sind, aber sie werden ihn auf keinen Fall erfrieren lassen.

Ich gehe hinunter in die U-Bahn-Station, um festzustellen, dass sie geschlossen ist. Der Eingang ist durch eine schwere Eisentür versperrt. Ich bleibe davor stehen und traue meinen Augen nicht. Ich hatte immer gehofft, dass sich meine Familie hier verstecken kann, wenn es besonders schlimm wird. Es stellt sich heraus, dass ich mich die ganze Zeit geirrt habe.

Was ist mit all den Menschen, denke ich, deren Wohnungen von der Zentralheizung abgeschnitten sind, die mit klaffenden Löchern anstelle von Fenstern leben? Was werden sie an einem kalten Tag wie diesem tun? Was ist mit der Frau, die auf der Treppe am Eingang des Sportpalastes sitzt? Der Wetterbericht im Internet sagt für heute Nacht minus neunzehn Grad voraus. Auch die nächsten zehn Tage sollen sehr kalt werden.

Am unangenehmsten ist das freilich für die Plünderer, vor allem für diejenigen, die mit heruntergelassenen Hosen mit Klebeband an einen Laternenmast gebunden worden sind.

IN DER APOTHEKE
11. März 2022

Es ist der 11. März 2022. Ich stehe in der Schlange vor einer Apotheke. Es ist kalt, aber nicht extrem kalt, und wenn man geht, vor allem im Sonnenlicht, fühlt sich das Wetter fast angenehm an, aber es ist viel schlimmer, wenn man eine Stunde lang regungslos dastehen muss. Die Kälte wandert dann langsam von oben nach unten. Zuerst habe ich das Gefühl, dass mein Kopf eingefroren ist. Windböen lecken mit ihren rauen Zungen über meine Wangen. Dann umarmt die Kälte meine Schultern und meinen Rücken. Ich kann fast spüren, wie ihre schweren Arme mich umfassen, aber meine Beine sind noch warm.

Zum Glück ist die Schlange heute nicht besonders lang. Das liegt nicht an der Kälte, sondern daran, dass den Apotheken bereits alle Medikamente ausgegangen sind, die für die Versorgung von Herz- und Bluthochdruckpatienten notwendig sind. Nieren- und Krebspatienten haben keine Chance zu kaufen, was sie brauchen. Auch für Diabetiker gibt es keine Mittel. Darum sind die Schlangen kürzer geworden.

Eine Frau tritt aus der Tür der Apotheke. »Ich habe nichts gekauft«, sagt sie. »Die haben nichts da.«

Trotzdem stehen die Leute weiter in der Schlange. Die meisten von ihnen wippen von einem Fuß auf den anderen. Ein Junge macht tiefe Kniebeugen. Ich friere nur ein wenig, denn die Schlange bewegt sich heute schnell.

Ich möchte ein Medikament gegen Darminfektionen

besorgen. Ich kenne zwar niemanden, der an Ruhr, Gastro-enteritis oder Durchfall erkrankt ist, aber wir kaufen und essen jetzt hauptsächlich Lebensmittel, deren Verfallsdatum abgelaufen ist, sodass eine Darminfektion nur eine Frage der Zeit ist.

Der Junge, der eben noch Kniebeugen gemacht hat, läuft jetzt im Kreis und springt jedes Mal auf die Veranda des Drogeriemarktes. Ihm ist überhaupt nicht kalt, und seine Wangen sind rot. Wir haben viele Möglichkeiten, uns vor dem Erfrieren zu schützen, abgesehen vom Laufen und den Kniebeugen. Einer meiner Freunde, der vor dem Krieg regel-mäßig Tennis spielte, drei- oder viermal pro Woche, hat jetzt einen Schaumgummiball, den er gegen die Wand seines Zimmers schlägt, denn nachdem eine Explosion die Plastik-fenster eingedrückt hat, ist es zu kalt, um sich nicht zu be-wegen.

Viele Leute schlafen jetzt nachts in ihren Mänteln. Wir schalten normalerweise zwei Infrarotheizungen ein, eine in jedem Zimmer, was fast ausreicht, um uns zu wärmen, zu-sammen mit den Decken und Matratzen, die vor den Fens-tern hängen.

Als ich sie endlich betrete, sehe ich, dass sich in der Apo-theke eine weitere Schlange gebildet hat. Doch sie ist nur etwa dreißig Minuten lang. Die Menschen stehen dicht bei-einander, aber niemand trägt einen Mundschutz. Wir schei-nen alle das Virus zu vergessen, und das Virus scheint uns zu vergessen. Jetzt, wo die Leute in die Nähe der Kasse kom-men, lesen die meisten von ihnen lange Listen mit Medika-menten vor, die auf Zettel geschrieben sind, als ob sie etwas ändern könnten. Der Junge rennt weiter und schubst die Leute herum, aber niemand nimmt ihm das übel.

Ich war schon oft in dieser Apotheke, aber jetzt scheint etwas anders zu sein, ich kann nur nicht genau sagen, was. Ich habe das Gefühl, dass das, was fehlt, gut und schlecht zugleich ist. Endlich begreife ich, was es ist, was mir diese ungewöhnliche Ruhe und Klarheit im Kopf verschafft: Es gibt keine Musik mehr.

Wir waren zu sehr daran gewöhnt, Musik zu hören, die unsere Trommelfelle überall bombardierte, zu Hause, in jedem Geschäft, herausquellend aus unseren Smartphones. Sie war so unsichtbar wie die Luft, allgegenwärtig und aufdringlich, aber jetzt ist sie verschwunden. Alles ist still geworden, und unser Geist hat sich geklärt, als hätten wir aufgehört, eine bewusstseinsverändernde Droge zu nehmen. Ich habe seit mehr als zwei Wochen keine Musik mehr gehört, und ich vermisse sie noch nicht.

Die Leute kommen an die Kassen, sprechen mit den Apothekern, lesen ihnen nochmals ihre langen Medikamentenlisten vor, und die meisten von ihnen gehen enttäuscht weg.

Natürlich gibt es auch keine Arzneimittel gegen Darminfektionen mehr. Sie sind den Apotheken am ersten Tag des Krieges ausgegangen. Auch einige andere Dinge fehlen. Streichhölzer zum Beispiel. Es ist unmöglich, eine Schachtel in Charkiw zu kaufen. Wir haben zum Glück eine letzte übrig, die hat uns ein Nachbar überlassen.

ZERSTÖRUNG
12. März 2022

Wir schlafen unruhig in dieser Nacht. Über unseren Köpfen fliegen Bomber, alle Arten von Artillerie und Mörsern feuern weiter. Unsere Flugabwehrsysteme versuchen, die feindlichen Flugzeuge zum Rückflug zu überreden.

Die unablässigen Explosionen zehren an unseren Nerven. Wenn ich sie höre, denke ich an die Nacht, in der meine Frau und ich in unserem kleinen Zelt am Ufer des Petschenihy-Sees schliefen, ohne Menschen in der Nähe, umgeben von einem schwarzen Wald, der voller Tiergeräusche war. Erst am Tag zuvor hatten wir nicht weit von unserem Zelt entfernt ein angefressenes junges Wildschwein sowie Spuren gesehen, die aussahen, als hätten Hunde sie hinterlassen.

Wir lagen in jener Nacht im Zelt, lauschten den nächtlichen Geräuschen des Waldes und wussten, dass uns nur ein dünnes Tuch von einer Meute trennte, die ein Wildschwein jagen und fressen konnte. Die Tiere um uns herum huschten, kreisten, näherten sich und wichen zurück. Und von oben kam das Geräusch des Militärjets, einer MiG oder einer Su, weil der Pilot auch nachts übte. Es ist die gleiche Art von Angst, die ich jetzt verspüre.

Meine Frau wacht mit einem Schreck auf.

»Was war das?«, fragt sie. »Werden wir bombardiert?«

Sie hat jetzt jede Nacht Albträume von Bombenangriffen.

»Nein«, sage ich. »Es war eine Katze, die über die Tastatur gelaufen ist.«

Am Morgen beginnen wir, die Schäden in der Stadt zu begutachten. Unter den vielen Bildern von ausgebrannten und zerstörten Gebäuden zieht eines meine Aufmerksamkeit auf sich. Es ist das Foto einer Turnhalle, aufgenommen von innen. Das Loch im Dach ist groß genug, um eine fliegende Untertasse hineinzulassen. Zerbrochene Ziegel und Beton liegen auf dem Boden, aber die mit Sprossenwänden versehenen Wände sind intakt. Es sind noch dieselben wie vor achtundvierzig Jahren, als ich, damals ein kleiner Junge, in dieser Turnhalle Sport machte. Ich bin überrascht, dass ich den Ort sofort wiedererkenne.

Ich dachte, diese alte Turnhalle würde mir nichts bedeuten. Ich bezweifle, dass ich mich in den vergangenen Jahren auch nur ein einziges Mal an sie erinnert habe. Aber jetzt, da ich das klaffende Loch im Dach sehe, steigen mir Tränen in die Augen. Ich kann nicht aufhören, diese Sprossenwand anzuschauen, als ob sie eine besondere Bedeutung für mich hätte. Sie ist ein Teil meiner Heimat, die zerstört wird. Sie ist ein Teil meiner Erinnerung und damit ein Teil von mir selbst.

Das, was die Russen jetzt mit uns machen, nennt man »kontaktlose Kriegsführung«, was bedeutet, dass man langsam, aber sicher gewinnt, ohne zu kämpfen. Einfach ausgedrückt: Wenn man mit seinen Panzern nichts mehr ausrichten kann, nimmt man sie aus dem Spiel und beginnt, feindliche Städte und Ortschaften aus sicherer Entfernung zu zerstören und sie nach und nach in eine Mondlandschaft zu verwandeln, zusammen mit allen Soldaten und Zivilisten. Dann rückt man mit seinen Panzern wieder vor und schnappt sich diese bezaubernden Mondlandschaften, mit denen keiner mehr etwas anfangen kann.

Die Russen haben das bereits mit einigen ukrainischen Dörfern im Osten des Landes gemacht. Sie haben es mit der Stadt Wolnowacha getan, in der über zwanzigtausend Menschen gelebt haben. Jetzt gibt es Wolnowacha nicht mehr. Die nächste Mondlandschaft, die die Russen zu erschaffen versuchen, ist Mariupol mit seinen Hunderttausenden Zivilisten, die die Invasoren absichtlich daran hindern, aus der Stadt zu fliehen. Auch das Zentrum von Charkiw ist bereits dabei, sich in eine Wüste aus Beton und Schutt zu verwandeln. Das ist der Plan. Es ist eine einfallsreiche moderne Herangehensweise, auch bekannt als »Sechs-Generationen-Kriegsführung«.

Spät in der Nacht will meine Tochter den Halo um den Mond sehen, über den sie im Internet gelesen hat. Sie hebt die Matratze ein wenig an und schaut durch das Nordfenster hinaus, sieht dort aber nichts. Dann späht sie durch das Südfenster, entdeckt aber auch da nichts.

Der Vollmond steht heute im westlichen Teil des Himmels, sodass wir ihn nicht sehen können, aber er leuchtet in dieser klaren Nacht so hell, dass selbst der kleinste Schatten auf dem Schnee so wirkt, als sei er mit schwarzer Tinte gemalt.

KIRCHEN
13. März 2022

Bis heute haben die Russen alles außer Kirchen zerstört. Ich habe mich gefragt, warum. Haben sie Angst vor dem Zorn Gottes? Weshalb aber haben sie dann keine Furcht davor, massenhaft ukrainische Kinder zu töten? Was sollte Gott mehr erzürnen, die Tötung von fünfundachtzig Kindern oder das Zertrümmern von einem Dutzend Kirchen? Überraschenderweise scheint ihn beides nicht sehr zu bestürzen.

Wenn ich mich umschaue und sehe, was geschieht, möchte ich dieselbe Frage manchmal auf andere Weise stellen: Was ärgert Gott weniger, die Tötung von fünfundachtzig Kindern oder die Zerstörung von einem Dutzend Kirchen? Denn es scheint ihn nicht wirklich zu interessieren. Aber ich bin mir nicht sicher. Gott wirkt auf geheimnisvolle Weise, und einfach nur wütend zu werden, ist zu menschlich, zu primitiv und überhaupt nicht geheimnisvoll. Ich hoffe, Gott erschafft jetzt eine neue Jeanne d'Arc, oder einen neuen Brutus, oder etwas noch Kreativeres.

Ich glaube, der Grund, warum Putin – vor zwei Tagen hat mein Land offiziell die Rechtschreibregeln geändert, und wir sollten jetzt eigentlich »Pitin« schreiben – noch keine Kirchen zerstört hat, ist blinder Aberglaube.

Alle Menschen, die etwas ganz Neues, noch nie Dagewesenes tun, sind abergläubisch. Es ist eine Art psychologischer Selbstverteidigungsmechanismus, der aktiviert wird, wenn man in eine verschattete Zone eintritt, in der noch nie jemand war. Die meisten großen Sportler sind abergläubisch, bevor sie einen Weltrekord aufstellen. Hitler, der alle anderen Diktatoren an Übeltaten übertraf, war es auch. Die Russen sollten ebenfalls abergläubisch sein.

Heute haben sie dann allerdings doch damit begonnen, Kirchen zu zerstören. Die erste, von der ich weiß, war eine Holzkirche in Isjum. Okay, dachte ich mir, sie haben einen großen Teil von Isjum zerstört, also muss diese Holzkirche ein Kollateralschaden gewesen sein.

Die nächste war die Kirche des Wundertäters St. Nikolaus in Wolnowacha. Aber auch Wolnowacha wurde fast vollständig zerstört, also musste die Kirche zwangsläufig ebenfalls zertrümmert werden, dachte ich zuerst. Doch dann begannen die Russen, ihre üblichen Lügen zu erzählen, dass sich ukrainische Soldaten, die dreihundert Geiseln genommen hatten, in dieser Kirche verschanzt hätten, sodass sie als Befreier nichts anderes tun konnten, als diese zu bombardieren und die Geiseln auf diese unkonventionelle Weise zu befreien. Die Kirche des Wundertäters St. Nikolaus allerdings ist klein, sie kann niemals dreihundert Menschen aufnehmen.

Es war das erste Mal, dass ich eine durch eine Bombe zerstörte Kirchenkuppel gesehen habe. Wissen Sie, wie das aussieht? Sie ist tatsächlich sehr dünn und zerbrechlich, wie eine Eierschale, und selbst wenn sie zerbrochen ist, leuchtet ihre vergoldete Oberfläche noch in der Sonne wie eine kleine Lampe.

Das nächste Ziel war die Dormition-Kathedrale in Charkiw, die älteste und wahrscheinlich schönste Kirche meiner Stadt. Sie besitzt eine wunderbare Rieger-Kloss-Orgel, die 1986 dort eingebaut wurde. Als Junge zeichnete ich gerne

Porträts, Gebäude, Bäume, Brücken und versuchte, die Schönheit dieser Dinge auf Papier festzuhalten. Die Dormition-Kathedrale aber vermochte ich nie gut genug zu zeichnen. Sie ist mehr als nur ein schönes Gebäude, mehr als eine Blume aus Stein und Licht, sie hat eine Seele, etwas, das sich kaum einfangen lässt. Zum Glück wurde sie heute nicht stark beschädigt.

Dann erfuhr ich vom Schicksal des Klosters in Swjatohirsk, das einzigartig ist und auf einem riesigen Kreideberg thront. Es besteht aus einer großen Anzahl von Zellen, Höhlen und Tunneln, die in die Kreide gehauen wurden. Im Inneren ist es immer kalt und still. Man betritt die Anlage durch ein gewaltiges, verziertes Tor und steigt dann mit einer Laterne in der Hand endlos scheinende Treppen hinauf, bis man die imposante Halle mit den vielen Fenstern erreicht. Draußen erstreckt sich ein wunderschönes Panorama mit Flüssen, Wäldern und Feldern.

Man befindet sich so hoch über der ganzen Welt, dass man das Gefühl hat zu fliegen. Tausend Menschen, die aus Isjum evakuiert worden waren, versteckten sich hier, als die Invasoren das Kloster bombardierten. Die Detonationen zerstörten das verzierte Tor und beschädigten die Kirche, aber die meisten der Menschen, die sich in den Tunneln versteckten, blieben unversehrt.

Seitdem haben die Russen so viele Kirchen bombardiert, dass ich sie nicht mehr zählen kann.

PUTINOPHILE
13. März 2022

Da ich in der Sowjetunion geboren wurde und aufgewachsen bin, konnte ich der allgegenwärtigen Propaganda, die mich in Form von Büchern, Fernsehen und Radio tagtäglich überschüttete, nicht entkommen. Ich begann früh zu lesen, und neben russischen Volksmärchen las ich auch viele andere Kinderbücher, die, wie ich damals dachte, wunderbare Geschichten über Abenteuer und Wunder erzählten, in Wirklichkeit aber mit Propaganda vergiftet waren.

Arkadij Gajdars »Nesnajka auf dem Mond« zum Beispiel. Ich glaube, die kleinen Kinder in Russland, die noch lesen, lesen bis heute diese schreckliche Nesnajka. Die Kinderlieder, die wir im Kindergarten sangen, waren Propagandalieder, in denen es um ein Komsomol-Mitglied ging, das im Kampf starb, oder um unser geliebtes Mutterland, das oft Russland genannt wurde.

Ich muss gestehen, dass mich diese Propaganda lange Zeit stark beeinflusst hat: bis ich fünf Jahre alt war. Ich erinnere mich an den Tag, an dem mir dann ein für alle Mal die Augen aufgingen. Ich wurde so vollständig bekehrt wie Paulus auf der Straße nach Damaskus, auch wenn das Ereignis, das die Verwandlung bewirkte, nicht so grandios war.

Ich ging einfach die Straße entlang und dachte nach. Ich erinnere mich genau an den Ort, der für mich das Damaskus-Erlebnis bereithielt. Es war in der Moskaliwska-Straße in Charkiw, irgendwo zwischen den Hausnummern 90 und 80.

Es war ein sonniger Tag. Bekleidet mit blauen Shorts und einem T-Shirt, an der Hand eines Erwachsenen, ging ich in Richtung Stadtzentrum.

In meinem Inneren rumorte es. »Ich bin so glücklich, im besten Land der Welt zu leben«, sagte ich zu mir selbst und wiederholte einen Propagandaspruch, an den ich fest glaubte. »Und ich bin so glücklich, dass ich in der besten Zeit der Geschichte lebe«, dachte ich weiter. »Aber ich bin so klein, und ich habe noch nichts Nützliches für mein Land getan. Warum bin ich dann so glücklich? Das ist doch nicht fair.«

Je mehr ich darüber nachdachte, desto widersprüchlicher fand ich das alles. Etwa zehn Minuten später war ich mir bereits sicher, dass es logisch unmöglich war, dass ich in der besten Zeit und am besten Ort der Welt lebte, und also alles, was mir darüber erzählt worden war, eine Lüge sein musste. Mein Land hatte mich belogen, was bedeutet, dass es nicht das bestmögliche Land sein kann.

Manche mögen sagen, dass ich für einen fünfjährigen Jungen zu viel gedacht habe. Und ja, das ist völlig richtig. Mein »Weg nach Damaskus« fand wahrscheinlich im Mai oder Juni statt. Mein Geburtstag ist im September, also war ich an diesem Tag fünf Jahre und neun Monate alt, also fast sechs.

Ich glaube, die Putinophilen, die es in Charkiw noch gibt (sie machen etwa fünf Prozent der Gesamtbevölkerung aus), haben ihren Weg nach Damaskus noch nicht hinter sich – oder ihre Moskaliwska-Straße, so wie ich. Es sind vor allem alte Menschen.

Ich weiß von einer alten Frau, die in Horizont wohnt, das genauso stark bombardiert wird wie Saltiwka. Doch sie geht nicht in den Luftschutzkeller. Sie sitzt in ihrer Wohnung, lauscht den Geräuschen der Explosionen, die ihr Haus wie ein Blatt erschüttern, beobachtet die Feuerspuren, die die Raketen am Himmel ziehen, und ruft: »Putin, komm! Rette mich!« Ich stelle mir sogar vor, dass sie dabei lacht wie Mephistopheles, aber das ist wahrscheinlich nur eine Ausgeburt meiner Fantasie.

Eine andere alte Frau, die Putin liebt, lebt nicht weit von mir entfernt. Seit ihre Kinder ihr eine Satellitenschüssel gekauft haben, sieht sie Tag und Nacht nur noch russische Fernsehsender, die ihr eine Gehirnwäsche verpassen. Die Macht der Propaganda ist so enorm, dass sie diesen Kanälen mehr glaubt als ihren eigenen Augen. Wenn wir sie auf offensichtliche, alltägliche Fakten hinweisen, behauptet sie: »Das sind alles Lügen!« Das ist so, als ob jemand in den Zoo ginge, eine Giraffe sähe und sagte: »Das ist alles gelogen! So ein Tier gibt es nicht!«

Wenn man einem Putinophilen erklärt, dass russische Soldaten in der Ukraine sind und nicht ukrainische in Russland, antwortet er in der Regel: »Weil die russischen die ukrainischen Soldaten daran hindern, Russland anzugreifen.«

Ich denke, die Abhängigkeit von Propaganda könnte eines Tages als psychische Störung eingestuft werden. Denn die Informationen, die durch unser Gehirn fließen, verändern es ständig, so wie ein Fluss seine Ufer. Falschinformationen lassen uns zunächst falsch denken und verändern das Gehirn dann mit der Zeit physiologisch, so wie dies Medikamente gegen Schizophrenie tun.

DIE, DIE ES NICHT FERTIGBRINGEN
14. März 2022

In dieser Nacht haben die Russen Horizont bombardiert, den Teil der Stadt, in dem die Wohnung meiner Eltern liegt. Von meinem Fenster aus sehe ich das Feuer nicht, aber Leute, die in den oberen Stockwerken wohnen, haben gefilmt, was im Osten der Stadt passiert, zu dem Horizont und das Charkiwer Traktorenwerk gehören. Die Stadt ist in diesen Videos schwarz, und auch der Himmel, aber am Rand dazwischen sind unsichtbare Menschen in ein Feuergefecht verwickelt. Es sind ziemlich viele.

Die Trennlinie zwischen Himmel und Stadt flackert wie in alten Filmen. Das Feuer fließt schnell den Horizont entlang, erscheint links, rechts, in der Mitte und wieder links. Im orangefarbenen Stroboskoplicht kann ich Rauchwolken sehen, die wie Pilze in die Höhe schießen und deren Spitzen mit der Dunkelheit der Nacht verschmelzen. Die meisten Rauchschwaden sind orange, aber einige sind auch gelb oder sogar leicht grün.

Dann fallen wir alle in den Schlaf. Es ist das erste Mal, dass ich einen Traum von einem Bombenabwurf habe: Ich renne aus dem Gebäude der Universität Charkiw und sehe, wie es unter der Last des Feuers einstürzt. Die vordere Wand bricht weg und gibt den Blick auf die Waben der nackten Unterrichtszimmer frei. Es ist eigentlich ein prophetischer Traum, denn am nächsten Tag werde ich erfahren, dass die Russen die Universität bombardiert haben.

In meinem Traum packe ich jemanden am Hals und versuche, den Mann ohne Gesicht zu ersticken. »Töte mich nicht! Töte mich nicht!«, schreit er, und ich beginne, sein Gesicht mit meinen Fingernägeln zu zerkratzen.

Ich wache von einem stechenden Schmerz im Ohr auf. Es stellt sich heraus, dass ich mit der Hand unter dem Ohr geschlafen habe, und während ich diesen Traum hatte, habe ich mich so sehr am Ohr gekratzt, dass es blutet. Ich denke, von nun an werde ich meine Fingernägel so kurz wie möglich schneiden.

Im wirklichen Leben würde ich niemals versuchen, jemanden zu töten, selbst wenn ich wüsste, dass ich es mit einem Feind zu tun habe. Manche Menschen sind nicht hart, sondern weich, und ich bin einer von ihnen. Weiche Menschen sind in einer Schlacht nutzlos, denn wenn der Moment kommt, den Abzug zu betätigen, tun sie das zu spät oder bringen es gar nicht fertig. Wir haben uns zu sehr daran gewöhnt, in einer sicheren Umgebung zu leben, die Grenzen anderer zu respektieren und so weiter. Manche Menschen haben noch nie in ihrem Leben einen Kampf begonnen; sie würden niemals Machos sein, egal was passiert. Sie sind keine Feiglinge, sie sind einfach nur anders.

Viele von ihnen versuchen jetzt, über die Grenze zu fliehen, obwohl ukrainischen Männern im Alter von achtzehn bis sechzig Jahren die Ausreise untersagt wurde. Das heißt keineswegs, dass sie nicht patriotisch sind; viele von ihnen versuchen einfach, ihre Familien, Frauen und Kinder zu retten.

Die Frauen, denen es freisteht zu gehen, wollen ihre Männer nicht zurücklassen, sie wollen es einfach nicht. Ihre Männer und Kinder sind das Wertvollste, das sie besitzen.

Sie bleiben, was bedeutet, dass auch ihre Kinder das tun. Ich glaube, es war Montaigne, der über die treuen Frauen von Weinsberg schrieb. 1140, nach der Belagerung einer Burg, gewährte König Konrad III. den Frauen das Recht, die Burg mit allem, was sie bei sich tragen konnten, zu verlassen. Jede Frau nahm ihren Mann auf die Schulter und trug ihn hinaus. Die ukrainischen Frauen haben diese Möglichkeit nicht, also bleiben sie hier, und die Zahl der zivilen Opfer steigt und steigt.

Einmal hat eine Frau ihrem Mann ihre Kleidung und ihren Reisepass gegeben. Der Mann setzte das gemeinsame Baby in den Kinderwagen und versuchte, als Frau verkleidet die Grenze zu überqueren. Eine andere Frau versteckte ihren fünfzigjährigen Mann im Kofferraum ihres Autos und versuchte, ihn über die Grenze zu schmuggeln. Diese Männer wären als Soldaten sowieso unbrauchbar gewesen. Aber während König Konrad III. im zwölften Jahrhundert nur lachte und die Frauen und ihre Ehemänner gehen ließ, werden diese ukrainischen Männer, die zu weich zum Kämpfen sind, auf ein Militärkommissariat geschickt, nachdem man sie erwischt hat.

14. März 2022. Heute stehe ich wieder in der Schlange, um Wasser zu kaufen. Die Geräusche der Artillerie sind besonders laut. Es scheint, als stünde die Kanone, oder was auch immer gerade feuert, direkt hinter dem nächsten Gebäude. Nach jedem Knall ziehen die Menschen ihre Köpfe ein. Ihre Schultern zucken dabei synchron nach oben, als würden sie ein gut einstudiertes Tanzritual vollführen.

PLÜNDERER
15. März 2022

Meine Frau hat die Angewohnheit, Melodien vor sich hin zu summen, aber nie Pop-Songs, sie bevorzugt klassische Musik, wie das »Ave Maria« oder Arien aus »Mozart, die Rockoper« oder alles andere, was schön klingt. Heute bin ich überrascht, als ich höre, dass sie die Melodie der ukrainischen Hymne summt: »Der Ruhm und die Freiheit der Ukraine sind noch nicht untergegangen.« Es ist wahrscheinlich das erste Mal, dass diese Worte so passend sind.

15. März 2022. Die Tage sind heller geworden, und es ist nicht mehr so kalt wie zuvor. Der Krieg ist ein wenig erlahmt, wahrscheinlich, bevor er seinen nächsten vernichtenden Schlag ausführt. Viele Geschäfte sind verlassen und locken mit ihren verdunkelten Fenstern Plünderer an. Die Idee, Plünderer an einen Pfahl zu binden, scheint nicht gut genug zu sein, denn sie lassen nicht ab. Jetzt werden sie mit heruntergelassenen Hosen an einen Pfahl gefesselt, und die Leute schlagen sie abwechselnd mit einem Gürtel. Das ist allerdings nicht so schmerzhaft wie das Auspeitschen mit der neunschwänzigen Katze.

Einer der Plünderer schreit und schneidet Grimassen und tut so, als wäre er wirklich schwer verletzt. Er zappelt wie ein großer weißer Wurm, rollt mit den Augen, weint und schüttelt den Kopf. Aber die Leute, die ihn auspeitschen, können ihre Arbeit nicht richtig machen, weil sie es nicht gewohnt sind, Schmerzen zuzufügen. Die meisten von ihnen haben noch nie Hand an einen Menschen gelegt. Sie sind nur Lehrer, Büroangestellte oder IT-Spezialisten. Viele von ihnen sind Frauen. Die Strafe ist also eher symbolisch, und der Plünderer lacht wahrscheinlich im Herzen über all diese dummen Menschen.

Aber nicht jeder Plünderer hat so viel Glück. Einige von ihnen sterben, entweder durch Schläge oder weil sie zu lange in der Kälte stehen mussten.

Es heißt, jemand habe eine Garage im östlichen Teil von Charkiw ausgeplündert, in der Allradfahrzeuge abgestellt waren. Wenn das stimmt, dann war das eine große Dummheit, auch wenn jedes ATV dreitausend Dollar kostet: Was kann man jetzt in Charkiw mit einem Renn-Quad machen?

Ich erinnere mich an diese Vierräder, die wie Blumenblätter leuchten und so laut sind wie kleine Düsenflugzeuge: Ihre Besitzer organisierten ihre Rennstrecke direkt unter den Fenstern meiner Wohnung in Horizont. Sie trainierten im Sommer jeden Tag, wenn das Wetter es zuließ, und trugen sonntags ihre Meisterschaften aus. Unser mit Unkraut, Himbeersträuchern und Kirschbäumen bewachsener Obstgarten lag ebenfalls unter unseren Fenstern. Wenn wir Kirschen und Beeren pflückten, flogen diese mechanischen Hornissen vorbei und wirbelten warme Staubwolken auf. Aber das machte uns nichts aus. Die Himbeeren waren klein und selten, dafür gab es die wunderbaren Kirschen in Hülle und Fülle.

Ich versuche, mir jemanden vorzustellen, der eine zerbombte Garage mit diesen ATVs plündert. Wie um alles in der Welt konnte der Kerl mit einem Vierrad, das so hell wie eine Rückleuchte und so laut wie eine Benzin-Kettensäge ist, durch die leeren, stillen Straßen von Charkiw entkommen?

Ich weiß es nicht. Und wenn er es geschafft hat, was nützt dann ein rasendes ATV in Charkiw, das von den Russen belagert und von feindlichen Flugzeugen bombardiert wird?

Technologisch versierte Plünderer benutzen Drohnen, um verlassene Wohnungen zu finden. Eines Nachmittags ging eine Frau auf ihren Balkon. Als sie dort stand und eine Zigarette rauchte, sah sie eine Drohne im Anflug. Ohne nachzudenken, griff sie nach dem erstbesten Gegenstand, den sie zur Hand hatte, schleuderte ihn und schlug die Drohne nieder. Der Gegenstand, den sie warf, war ein Glas mit eingelegten Tomaten. Sie sagt, diese Tomaten hätten ihr leidgetan.

Aber es gibt noch eine ganz andere Art von Plünderung. Die belagerten Menschen in Mariupol brechen die Türen von leeren Geschäften und Lagerhäusern in ihrer Stadt auf, weil sie Lebensmittel brauchen, weil jetzt jede Flasche Wasser, jede Packung Kekse zählt. Denn Nahrung und Wasser bedeuten Leben. Selbst ein Bissen Brot, selbst ein Glas sauberes Wasser kann ein Lebensretter sein.

BRÜCKEN ÜBER DEN DONEZ
15. März 2022

Ich erinnere mich an alle, an alle diese Brücken. Seit ich sechs Jahre alt bin, also seit mehr als fünfzig Jahren, erkunde ich den schönen Donez. Als ich klein war, fuhren wir in der Regel bis zur Pontonbrücke in Koropowe. Dort wird der Fluss breiter, und wegen der Sandstrände an den Ufern ist er nicht mehr so interessant; dann kehrten wir um und ruderten stromaufwärts durch das fast unbewohnte Naturschutzgebiet. Mein Vater, der eine kräftige Stimme wie ein professioneller Opernsänger hatte, sang alte russische und ukrainische Romanzen und Volkslieder.

Seine Stimme hallte von den Hängen der stillen Hügel über dem Fluss wider. Die Akustik an diesem Teil des Donez ist so gut wie in einem Opernhaus, weil hohe, manchmal unwahrscheinlich steile Hügel die Klänge verstärken. Die Lieder flogen hinauf zu den überraschten Adlern, die über uns kreisten, und noch höher, zu Gott, der zusah und zuhörte. Zumindest schien er es zu tun. Ich glaube, die Pontonbrücke in Koropowe ist mittlerweile zerstört.

Viele Jahre später, als ich mit meinen Freunden den Fluss entlangfuhr, starteten wir für gewöhnlich an der ersten Brücke über den Donez nach der Stadt Smijiw. Diese Brücke, die ständig renoviert wurde, ist jetzt ebenfalls in Trümmer gelegt worden. Ich bin mir, ehrlich gesagt, nicht ganz sicher, aber sie müsste es eigentlich sein. Ich weiß, dass die meisten Brücken über den Donez zerstört wurden, um die russischen Truppen am Überqueren des Flusses zu hindern. Ergibt es Sinn, einige Brücken zu sprengen und andere nicht? Wahrscheinlich nicht.

Vor ein paar Jahren begannen wir unsere Reise flussabwärts unter der Fußgängerbrücke in Smijiw, die jetzt ebenfalls in Trümmern liegen muss. Wir hatten ein Ruderboot und die größte aufblasbare Intex-Matratze, die wir finden konnten. Die Aufschrift auf der Matratze warnte uns strikt davor, sie im Wasser zu benutzen, aber wir (wie alle Ukrainer, das ist unser nationaler Charakterzug) kümmerten uns nicht um irgendwelche Verbote und Einschränkungen, die wir für dumm hielten. Also legten wir die Matratze ins Wasser, banden sie an einem langen Seil hinter dem Boot fest und fuhren los.

Der Donez ist ein schneller Fluss, besonders an den Stellen, wo er eng wird, und er trägt viel Totholz und teilweise versunkene Baumstämme mit sich, die hier und da an unerwarteten Stellen aus dem Wasser ragen. Wenn ein Boot wirklich schnell den Fluss hinunterfährt, gerät eine Matratze, mit schweren Rucksäcken und ein paar Leuten darauf, völlig außer Kontrolle. Sie verhält sich wie ein Pendel. Sie prallt gegen Baumstämme, stößt gegen das Ufer, rast direkt ins Dickicht des fünf Meter hohen Schilfs. Aber sie sinkt nicht, auch dann nicht, wenn sie auf einen Betonpfeiler trifft, der eine Brücke trägt, die es heute nicht mehr gibt.

Wir können also eine Intex-Matratze im Wasser verwenden, wenn wir wollen, sie ist robust genug. Nur ein einziges Mal wären wir beinahe untergegangen. Es war in der Nacht, die Luft wurde sehr kalt, und unsere Matratze fing an zu schrumpfen. Im fahlen Schein des Vollmonds sahen wir, dass das Wasser bereits unsere Füße erreichte. Da es sehr kalt war, beschlossen wir, für die Nacht anzuhalten, aber die mit Schilf bewachsenen Ufer waren unzugänglich. Schließlich fanden wir einen Landeplatz, den wir für einen Teil des Ufers hielten, der sich aber als schwimmende Insel aus Unkraut entpuppte. Einer von uns fiel ins Wasser, weil sich seine Beine im Seil verhedderten, aber es gelang uns, ihn herauszufischen.

Wir schafften es, am Ende auf ein Stück festes Land inmitten des endlosen Schilfmeeres zu klettern, das mit kaltem Nebel bedeckt war, der im Licht des Vollmonds perlweiß erschien. Am nächsten Tag setzten wir unsere Reise zur nächsten Brücke über den Donez fort, die es nicht mehr gibt, dann zu einer anderen Brücke, die inzwischen ebenfalls gesprengt worden ist. Und so weiter und so fort. Ich sehe diese Brücken vor meinem geistigen Auge; ihre Schatten schweben über meinem Kopf, wenn ich schlafe, wie breite Flügel von Schutzengeln.

DINGE, DIE WIR NICHT ÄNDERN KÖNNEN
15. März 2022

In Kriegszeiten werden viele alltägliche Dinge plötzlich unumkehrbar. Wenn man eine andere Straße wählt, um nach Hause zu gehen, kann das das eigene Leben retten. Ein paar Menschen verließen neulich einen Luftschutzkeller, um Wasser aus einem Automaten zu holen, und wurden durch Mörserfeuer getötet. Das lässt sich nicht mehr ändern. Sie liegen ausgestreckt im Schnee, und ihre blauen Plastikflaschen, die immer noch leer sind, liegen nur Zentimeter von ihren verkrümmten Fingern entfernt. Warum brauchten sie das Wasser gerade jetzt? Warum konnten sie nicht einen Moment länger warten oder auf der Treppe stehen bleiben, um mit einem Freund zu reden?

15. März 2022. Am Morgen erfahren wir, dass es in Charkiw mindestens drei Raketenangriffe gegeben hat. Die Raketen wurden von Russland aus abgefeuert und trafen ihr Ziel ungefähr so genau wie eine Handvoll kleiner Steine, die auf einen Spatzenschwarm geworfen werden. Eine der Raketen traf das Dach eines Foxtrot-Supermarktes, das so breit und lang wie ein Fußballfeld ist. In der Mitte stürzte es auf die Tausende von Kühlschränken, Mikrowellen, Waschmaschinen und Laptops, die darunter lagerten.

Die zweite Rakete zerstörte ein historisches hellrosafarbenes Gebäude im Zentrum. Die dritte schlug in ein Wohnhaus ein, das nicht weit von dem Ort entfernt ist, an dem ich wohne. Die beiden oberen Stockwerke wurden in Schutt und Asche gelegt. Sechs oder sieben Zimmer gibt es nicht mehr. Die Menschen, die sich entschieden haben, die Nacht in diesen Zimmern zu verbringen, anstatt in einen Bunker zu gehen, haben etwas Unumkehrbares getan. Etwas, das unmöglich rückgängig gemacht werden kann. Jetzt, da unsere Truppen so viele feindliche Flugzeuge abgeschossen haben, verlassen sich die Russen hauptsächlich auf ihre Raketen, die willkürlich herumfliegen, und das Leben aller hängt mehr denn je vom Zufall ab.

Ich erinnere mich an eine andere unumkehrbare Sache, die 2012 oder 2013 passiert ist. Wir waren mit einem Kajak auf dem Donez unterwegs, und eines Abends, als wir am Strand um ein Feuer saßen, baten uns einige Leute am gegenüberliegenden Ufer, sie über den Fluss zu bringen. Ich bin zu ihnen hinübergepaddelt und habe sie an Bord genommen. Sie hatten eine Holzkiste dabei, die zwar nicht groß, aber sehr schwer war. Sie sahen ernst und sogar geheimnisvoll aus. Ich glaubte in ihren gedämpften Stimmen einen leichten russischen Akzent zu erkennen.

Als ich sie und die Kiste über den Fluss gebracht hatte, fragten sie, wie viel sie mir schuldeten. Als ich sagte: »Nichts«, warfen sie einen Fünfzig-Hrywnja-Schein ins Kajak. Ich weiß nicht genau, ob sie Russen waren, aber neben ihrem Akzent war ein weiteres Merkmal, das mir später immer wieder auffiel, ihre charakteristische rücksichtslose Haltung: Sie sprachen mit Ukrainern so, als betrachteten sie sie unbewusst als eine Art »jüngere Brüder«, die noch dazu ein wenig dumm waren.

Später fiel mir diese Haltung auf, als ich russischen Schriftstellern, Filmregisseuren und sogar Dichtern zuhörte, die das Gewissen der Nation sein sollten. Es stellte sich heraus, dass sie es nicht waren.

Die Nacht, in der ich die Russen über den Fluss brachte, war vor 2014, dem Jahr, als sie zum ersten Mal unser Land besetzten. Damals konnte ich nicht ahnen, dass sie dereinst auf der Krim sowie in Teilen der Ostukraine einmarschieren würden. Keiner konnte das. Wir waren alle leichtgläubig und freundlich, während die Russen uns als fleißige, zuverlässige, aber geistig minderbemittelte »Verwandte« betrachteten.

Ich wünschte, ich wäre in jener Nacht nicht mit ihnen über den Fluss gefahren, aber das lässt sich nicht mehr ändern.

Heute, spät in der Nacht, ist etwas anderes Unumkehrbares geschehen. Nach einem schweren Bombenangriff floss kaum noch Wasser aus den Hähnen, weder kaltes noch warmes. Ich drehte den kalten Wasserhahn bis zum Anschlag auf, und das Wasser begann, in die Badewanne zu tropfen. Ein paar Stunden später war die Wanne halb voll, also drehten wir den Wasserhahn zu und gingen ins Bett. Wir hätten es besser wissen müssen. Wir hätten die ganze Nacht wach bleiben und warten sollen, bis die Badewanne randvoll ist.

Am Morgen wachen wir auf und stellen fest, dass gar kein Wasser mehr aus den Hähnen kommt. Niemand weiß, was passiert ist, aber wenn russische Bomben die Pumpstationen der Stadt getroffen haben, könnte dieser Schaden nicht mehr zu beheben sein.

LIEDER SINGEN
16. März 2022

Keiner kann mehr richtig schlafen. Immer wieder werden wir von den Geräuschen der Bomben und Artilleriegeschütze geweckt. Ich öffne die Augen und lasse die letzten Bilder des verblassenden Traums an mir vorüberziehen, dann schlafe ich wieder ein, um in einen anderen Traum einzutauchen. Manchmal sind Traumbilder ziemlich überraschend. Als ich das letzte Mal aufwachte, sah ich einen glänzenden schwarzen Oldtimer vor meinen Augen. Ich glaube, es war ein Jaguar aus den Dreißigerjahren, in perfektem Zustand.

Die russischen Raketen schlagen jetzt immer näher ein, also beschließen wir, in den Luftschutzkeller zu gehen. Ich war schon einmal dort, praktischerweise befindet er sich im Kellergeschoss unseres Gebäudes. Als ich die Treppe hinunterging, sah ich, dass er sehr schmutzig ist. Es roch nach Feuchtigkeit und Ratten. Es gab alte Spinnennetze voller Staub, und der Putz blätterte von den Wänden ab.

Einige Männer versuchten, elektrische Drähte auf dem Boden zu verbinden. Vier alte Frauen saßen im Schein von Kerzen auf Kissen hinter der Wand. Sie sahen verängstigt und wachsam aus. Ein pummeliger Junge von elf oder zwölf Jahren arbeitete als Türsteher: Er hatte ein Stück Draht an die Tür gebunden, und sobald jemand eingetreten war, zog er daran und schloss die Tür, der er sich selbst nicht nähern wollte. Er sah sehr ernst aus, und als ich seine großen Augen sah, wurde mir klar, dass sich diese Tage in sein Gedächtnis einprägen würden. Wenn er überlebte, würde er seinen Enkelkindern davon erzählen.

Das war vor zwei Wochen. Als wir heute erfahren, dass unser Bunker abgeschlossen ist, gehen wir zu einem anderen, aber auch der ist zu. Die meisten Menschen scheinen das Gefühl für die Gefahr verloren zu haben und verstecken sich nicht mehr. Keller schützen sowieso nicht vor einem direkten Raketentreffer. Sie würden sich nur in eine tödliche Falle verwandeln.

Wir rufen einen Freund an, der ständig alle möglichen Nachrichten hört und sieht. Erst gestern war er pessimistisch gestimmt und sagte, dass Charkiw bald vom Feind eingenommen werden würde. Er meinte, wir sollten nicht auf die ukrainische Propaganda hören – es gibt ukrainische Propaganda, die einen optimistisch stimmt, und natürlich russische, die einen pessimistisch werden lässt –, sondern auf Militärexperten, die wüssten, was sie sagten. Wir waren daraufhin so deprimiert, dass wir uns später den ganzen Abend lang die optimistischste ukrainische Propaganda anhörten, bis wir uns besser fühlten.

Zum Glück sagt unser Freund heute, dass wir diesen Krieg bald gewinnen würden und dass die Militärexperten sicher seien, dass Charkiw niemals eingenommen werden würde. Wir glauben ihm. Und auch wenn er sich stundenlang ukrainische Propaganda angehört hat, glauben wir ihm trotzdem.

Am Abend besuchen wir unsere Nachbarin, die achtundachtzig Jahre alt ist. Sie lebt jetzt mit ihrer Tochter zusammen. Früher ging sie regelmäßig um den Block spazieren und las viele Bücher, aber jetzt kann sie nicht mehr raus, und die ständigen Geräusche von Bomben und Artillerie zermürben ihren Geist. Ihr Zustand verschlechtert sich von Tag zu Tag. Sie hat aufgehört zu lesen. Ihr Kurzzeitgedächtnis ist so beeinträchtigt, dass sie nicht mehr weiß, worüber und mit wem sie gesprochen hat.

Dieser Krieg bringt sie um, der Krieg und die Einsamkeit, die er verursacht. Sie hat fünfzig Jahre als Ärztin gearbeitet und ist immer eine Quelle kostenloser medizinischer Ratschläge für alle um sie herum gewesen. Sie hat meiner Tochter beigebracht, wie sie ihre kleine Nase putzen muss. Ihre Ratschläge zur Verwendung von Antibiotika waren allerdings nutzlos. Jetzt ist sie selbst so hilflos wie ein Baby.

Aber heute geht es ihr schon besser, sobald wir sie besuchen. Sie spricht mehr, und sie tanzt sogar Tango und Walzer, wobei sie meine Frau als Partnerin nimmt. Sie sagt, sie könne sogar den russischen Tanz Barynja tanzen, aber wir reden ihr das aus. Dann singt sie ein Lied über einen ukrainischen Kosaken, der in den Krieg zieht und sich ein letztes Mal von seiner Freundin verabschiedet.

Sie lächelt viel und redet viel.

»Ich will heute singen«, erklärt sie und und tut das dann auch: »›Geh, geh, mein Kosak‹, sagt das Mädchen, ›aber vergiss nicht meine schwarzen Augenbrauen, in die du dich verliebt hast.‹«

Die Bomben und die Artillerie, die schon seit Stunden schweigen, unterbrechen ihren Gesang nicht.

RUSSISMUS
16. März 2022

Heute telefoniert meine Frau mit einer alten Frau, die Putin liebt und nur russisches Fernsehen schaut. Die Putin-Liebhaberin glaubt meiner Frau nicht, wenn sie sagt, dass wir von den Russen bombardiert werden.

»Wer bombardiert uns denn?«, fragt meine Frau.

»Wir bombardieren uns selbst«, behauptet die Putinophile.

Das ist ein Skandal, und meine Frau beginnt zu schreien und erklärt ihr die offensichtlichen Fakten. Als sie sieht, dass das nicht funktioniert, wechselt sie das Thema. Danach unterhalten sie sich noch lange Zeit ganz nett über den Einkauf von Lebensmitteln.

Heute haben die Russen das Theater von Mariupol zerstört. Die Abfolge der Ereignisse, die dazu führten, sah so aus: Nachdem die Russen nicht in die Stadt hatten eindringen können, begannen sie, wie es ihre Gewohnheit ist, die Metropole mit Bomben und Raketen zu zerstören. Hunderte von Zivilisten, die ihre Häuser verloren hatten, vor allem Frauen und Kinder, fanden Zuflucht in dem Gebäude des Theaters. An dessen Außenwände wurde in weißen Buchstaben das Wort »Kinder« geschrieben, so groß, dass man es von einem Flugzeug aus sehen konnte.

Ein verängstigter Flüchtling, der aus der belagerten Stadt entkommen konnte, erzählte einem Journalisten, dass sich 1500 Menschen im Schauspielhaus von Mariupol versteckt hielten. Mindestens ein ukrainischer Fernsehsender zeigte, wie er diese Worte aussprach.

Nur wenige Stunden später wurde das Theater von Raketen in die Luft gesprengt. Die Russen behaupteten wie immer, ukrainische Nationalisten, die dort Geiseln hielten, hätten das Theater selbst zerstört. Sie legten keine Beweise vor, um ihre Behauptungen zu untermauern. Sie sagten, sie hätten Belege, aber sie zeigten keine.

Es sieht so aus, als würden wir uns wieder selbst bombardieren, so, wie wir es früher immer getan haben. Zumindest werden sich alle Putinophilen dessen sicher sein, und kein noch so großes Erklären oder Ermahnen wird sie umstimmen.

Es ist mittlerweile üblich geworden, die Russen mit den Faschisten zu vergleichen, als wären sie ein perfekter Maßstab für das reine Böse. Aber ich denke, sie sind anders. Faschisten waren einfach, eindimensional. Sobald sie auf die Idee gekommen waren, dass die Juden an allem schuld seien, beschlossen sie, alle Juden zu töten. Sie wollten sie nicht verwandeln oder verbessern, das wäre lächerlich gewesen. Faschisten wählen immer den einfachsten Weg.

Der Faschismus der russischen Art, nennen wir ihn »Russismus«, ist hingegen eine komplexere Sache. Metaphorisch gesprochen ist der Russismus die knöcherne Hand des KGB, die aus dem Grab herausgegriffen, Russland erwürgt hat und nun versucht, dem Leben auf der ganzen Welt den Atem abzuschnüren. Der KGB stützte sich auf die Ideologie des Marxismus-Leninismus, die sich, stark vereinfacht, auf zwei Grundgedanken reduzieren lässt: »Die Philosophen haben die Welt bisher nur auf verschiedene Weise interpretiert, aber es kommt darauf an, sie zu verändern« (Marx). Und:

»Die marxistische Doktrin ist allmächtig, weil sie wahr ist« (Lenin).

Diese beiden Ideen erlauben es einem Jünger des Marxismus-Leninismus nicht nur, alles zu tun, einschließlich der grausamsten Dinge in der Geschichte, sondern sie verlangen es sogar von ihm. Der Marxismus-Leninismus besitzt die gespaltene Zunge einer Schlange, die im frühen zwanzigsten Jahrhundert die gesamte Menschheit gebissen hat.

Als Josef Stalin, der in den 1900er-Jahren nach Sibirien verbannt worden war, über die künftige revolutionäre Umgestaltung der Welt sprach, fragte jemand: »Aber wie viele Menschen müssen wir töten, wenn wir das tun wollen?«

Seine Antwort lautete: »Es ist nicht wichtig, wie viele Menschen wir töten werden, wichtig ist, wie viele Menschen leben dürfen.«

Das ist das Wesen des Russismus: Wir können wahllos viele Menschen für jedes beliebige Ziel töten. Wir haben immer recht, weil unsere Doktrin immer wahr ist. Wir werden am Ende immer gewinnen, weil unsere Doktrin allmächtig ist. Wenn Sie irgendwelche Zweifel haben, hören Sie auf das, was unser Führer sagt, denn er ist die Quelle des Wissens, das sowohl allmächtig als auch wahr ist.

Den Faschisten wird meist die Farbe Braun zugeordnet. Wenn ich an den Russismus denke, stelle ich mir die dunkelrote Farbe von geronnenem Blut vor.

DAS WAISENHAUS
16. März 2022

In Charkiw wurden bereits achtundvierzig von insgesamt etwa zweihundertfünfzig Schulen zerstört und ich weiß nicht, wie viele Kindergärten und Krankenhäuser. Wahrscheinlich denken die Russen, dass sich in diesen ausladenden Gebäuden viele Menschen verstecken, und bombardieren sie vorsichtshalber. Sie müssen von oben wie attraktive Ziele aussehen. Glücklicherweise stehen sie jetzt größtenteils leer.

Von meinem Küchenfenster aus kann ich ein großes Waisenhaus sehen. Als wir uns überlegten hierherzuziehen, an den Schasmynowyj-Boulevard, warnten uns einige Leute vor diesem Waisenhaus. Sie sagten, die Kinder da seien laut, sie würden uns auf die Nerven gehen. Ja, sie sind manchmal laut, aber es macht uns nichts aus, ihre Stimmen zu hören. Sie schreien nie zu viel, streiten nicht und benutzen keine Schimpfwörter. In vielerlei Hinsicht benehmen sie sich besser als ihre Mitschüler in den benachbarten Gebäuden.

Trotzdem sind sie nicht perfekt. Eines Tages, als ich vorbeiging, machten sie einen Witz auf meine Kosten, indem sie etwas über meine Haare sagten, die ihnen komisch vorkamen. Ich verstand, dass sie nur rumalberten, aber ich fühlte mich verletzt. Nicht wirklich stark, aber es hat gereicht, um mir die Haare kürzer schneiden zu lassen.

Ein Freund von mir, der Elektriker ist, besuchte das Waisenhaus oft. Er sagte, die Kinder dort hätten alles, was sie brauchen. Sie hätten sogar viel mehr als Kinder, die auf normale Schulen gingen. Als ich das hörte, war ich sogar ein bisschen neidisch, weil meine Tochter, die auf eine normale Schule ging, nicht alles hatte, was sie brauchte.

Die Kinder, die im Waisenhaus lebten, waren immer durch einen Eisenzaun von uns getrennt, aber was für ein Zaun kann Kinder, vor allem Jungs, aufhalten? Sie kletterten darüber, machten Löcher hinein, rannten herum und zertrampelten die Tulpen, die wir gepflanzt hatten. Manchmal organisierten sie unverhofft eine Säuberung des Geländes um das Waisenhaus herum und zertraten dann wieder unsere Blumen oder harkten sie fleißig aus dem Boden, wahrscheinlich, weil sie sie für Unkraut hielten.

In Sommernächten, wenn wir mit unseren Katzen spazieren gingen, liefen die Katzen, die immer frech waren, weg und trieben sich hinter dem Zaun des Waisenhauses herum, weil sie genau wussten, dass wir sie dort nicht erreichen konnten. Nach ein oder zwei Stunden hatten sie es satt, frech zu sein, und kehrten zu uns zurück, verwundert, dass wir böse auf sie waren. Alles in allem war das Waisenhaus ein kleines, aber beständiges Ärgernis.

Eines Tages dann änderte ich meine Meinung über die Kinder hinter dem Zaun. Es war ein windiger Oktobermorgen, an dem graue Pfützen sich kräuselten und der leere Himmel eisblau schien. Als ich am Waisenhaus vorbeiging, sah ich zwei Vorschuljungen, die sich hinter dem Zaun um ein Stofftier stritten. Plötzlich riss der größere Junge dem kleineren das Spielzeug aus den Händen und schleuderte es über den Zaun. Der kleinere begann zu weinen und streckte seine Hände durch die Gitterstäbe.

Das konnte ich nicht auf sich beruhen lassen. Ich hob das

Spielzeug auf und reichte es dem schluchzenden Jungen, der es sofort an seine Brust drückte.

»Nimm es«, sagte ich. »Und spiel nicht mehr mit diesem Jungen. Er ist böse!«

Ich war im Begriff wegzugehen, ohne eine Reaktion abzuwarten. Dann geschah etwas, womit ich nie gerechnet hätte. »Das ist mein Papa!«, rief der kleinere Junge verzweifelt und triumphierend zugleich, und mein Herz sank. »Das ist mein Papa!«

Egal, wie viel sie von »allem« hatten, es fehlte ihnen offenbar an den grundlegendsten und wichtigsten Dingen auf der Welt.

Jeden Tag blicke ich jetzt zum Gebäude des Waisenhauses hinüber und frage mich, ob es leer ist oder nicht. Zweifellos sind die meisten Kinder von dort evakuiert worden, aber was wäre, wenn eines dort geblieben wäre? Was wäre, wenn ein Hausmeister, ein Platzwart oder ein Wachmann dort ausgeharrt hätte? Was wird mit ihnen geschehen, wenn die Russen eine weitere Bombe über ihnen abwerfen, die so groß ist wie die, die sie auf die Entbindungsklinik oder das Theater in Mariupol geworfen haben? Schließlich dürfte das Waisenhaus von oben gesehen ein verlockendes Ziel sein.

TELEFONGESPRÄCHE
17. März 2022

Am Morgen telefoniere ich mit einer Frau, die im Haus meiner Eltern in Horizont wohnt. Das letzte Mal habe ich sie vor fünfzehn Tagen gesehen, als ich ein Taxi nahm und unter Beschuss geriet, weil ich nicht wollte, dass die beiden Rosenstöcke, die meine Mutter geliebt hatte, sterben. Das letzte Mal, als ich sie sah, war die Frau bei ihrer Mutter, die in einem Rollstuhl neben der Eingangstür saß, in einen Schal gehüllt, kreidebleich.

Sie nimmt schnell ab. Sie spricht Ukrainisch. Ja, ihr und ihrer Mutter gehe es gut, denn sie hätten Charkiw verlassen. Sie wohnen in Smijiw, das überhaupt nicht beschossen wird. Aus irgendeinem Grund ist Smijiw für die Russen uninteressant, im Gegensatz zu vielen anderen Städten am Donez, die nun in rauchenden Trümmern liegen.

Sie erzählt, dass ihre Mutter COVID-19 hatte, aber jetzt darüber hinweg ist. Ich brauche ein paar Sekunden, um mich daran zu erinnern, was COVID ist und warum wir uns vor drei Wochen so viele Gedanken darüber gemacht haben. Sie teilt mir mit, dass das Haus in Horizont jetzt leer stehe; alle haben es verlassen.

Später, am Nachmittag, rufe ich meinen Freund an, der sich alle möglichen Nachrichten anhört. Ich will herausfinden, ob er heute optimistisch oder pessimistisch ist. Diesmal sagt er zunächst, dass wir diesen Krieg gewinnen werden, aber später kommen wir dann auf die Atombombe zu sprechen.

»Es ist nicht so schlimm, wie viele Leute denken«, behauptet er. »Wenn jemand eine Atombombe auf eine große Stadt wirft, überleben vierzig Prozent der Menschen. Selbst in Hiroshima haben vierzig Prozent der Einwohner überlebt.«

Dann diskutieren wir darüber, was wir tun können, um unsere Überlebenschancen zu vergrößern. Wir tun das so selbstverständlich, als würden wir über das Wetter oder die Lebensmittelpreise sprechen. Wer hätte sich vor einem Monat ein solches Gespräch vorstellen können?

»Man sollte nie direkt in die Atomexplosion schauen«, rät mein Freund, »und man sollte sich sofort in einem Luftschutzkeller verstecken und alle Zugänge dicht verschließen, damit der radioaktive Staub nicht eindringt.«

Denn wenn wir die Explosion überleben, dann ist er die größte Gefahr. Radioaktiver Staub, der in die Luft aufsteigt, legt sich angeblich in drei Tagen, und dann können wir den Schutzraum verlassen. Das ist in gewisser Weise beruhigend.

Während wir über eine Atombombe sprechen, die die Russen möglicherweise auf eine ukrainische Stadt oder eine europäische Hauptstadt abwerfen dürften, hält er jäh inne und sagt: »Ich sehe gerade eine Bombe fallen.« Er schildert eine Reflexion von rotem Licht, die sich über die Decke bewege. Das kann nichts anderes als eine Bombe sein. Es herrscht einen Moment lang Schweigen, schon sehe ich fast selbst das Licht, das über die Decke seines abgedunkelten Zimmers kriecht.

»Fehlalarm«, atmet er schließlich auf. »Es war ein Krankenwagen, der die Straße entlangraste.«

Während wir reden, wird es ganz dunkel. Das blinkende

Rotlicht eines einsamen Krankenwagens, der gerade vorbeifährt, kann leicht mit einer fallenden Bombe verwechselt werden. Aber blinken Atombomben auch rot, wenn sie einem auf den Kopf fallen? Das ist unwahrscheinlich, denke ich. Es handelt sich nicht um Ufos aus Filmen.

Andererseits ist eine Bombe, die helle Lichter aufblitzen lässt, wenn sie fällt, und ein sich bewegendes Muster aus Licht und Schatten auf das Spinnennetz aus Straßen und brüchigen Gebäuden unter ihr zeichnet, eine nette Designidee. Sie sieht viel furchteinflößender aus und gibt jedem, der sie sieht, die Möglichkeit, sein letztes Gebet zu sprechen oder einen letzten Schrei auszustoßen. Warum also nicht? Wir sind alle ein bisschen verrückt geworden, und es wird eine Weile dauern, bis wir nach dem Krieg wieder zur Normalität zurückkehren.

Der letzte Anruf an diesem Tag kommt von einem ehemaligen Schüler von mir, der geistesgegenwärtig genug war, nach Polen auszureisen. Als er mir die Neuigkeiten erzählt, kann ich ihm zunächst nicht glauben.

»Ja«, sagt er, »es ist wahr. PayPal funktioniert jetzt auch in der Ukraine! In Russland nicht mehr, aber dafür hat es in der Ukraine den Betrieb aufgenommen!«

Er schickt mir sofort eine Reihe von Belegen dafür. Ich sehe sie mir an, immer noch leicht ungläubig. Ja, von nun an funktioniert PayPal in der Ukraine, was bedeutet, dass die zivilisierte Welt uns jetzt als Teil von ihr anerkannt hat.

RUSSISMUS (2)
18. März 2022

Wir alle kennen Menschen in Russland, die uns nahestehen: Freunde, Verwandte, Leute, mit denen wir gearbeitet haben, Menschen, denen wir einst geholfen haben, oder welche, die uns halfen. Als die letzten Überbleibsel des freien Internets in Russland verboten wurden, haben nur fünf Prozent der Leute dort VPN-Dienste installiert. Einige von ihnen haben Angst, aber die meisten brauchen anscheinend einfach kein freies Internet oder überhaupt etwas Freies.

Wenn sie mit einem Journalisten sprechen, sagen sie, sie brauchten das Internet überhaupt nicht. »Unsere Kinder werden ohne Internet gesünder sein«, behaupten sie, »und wir haben unseren Fernseher. Wir lieben unser Fernsehen.«

Das ist ein großer Unterschied zu den Siebziger- oder Achtzigerjahren, als wir alle mit unseren schlechten Radios »Voice of America« und andere vermeintlich feindliche Stimmen hörten, die durch das Rauschen verunstaltet waren. Damals wollten wir die Wahrheit wissen. Die Menschen im heutigen Russland wollen das wohl nicht.

Diejenigen, die einmal unsere Freunde waren, hassen uns jetzt und möchten uns eine Lektion erteilen. Zugleich wollen sie uns vor den ukrainischen Nazis retten.

»Wo habt ihr ukrainische Nazis in Charkiw gesehen?«, fragen wir sie. »Charkiw ist eine russischsprachige Stadt.«

»Diese Nazis laufen durch eure Straßen«, erwidern sie.

»Wo?«, fragen wir. »Wir sehen sie hier nicht.«

»Das liegt daran, dass ihr selbst zu Nazis geworden seid«, behaupten die Leute, die einmal unsere Freunde waren, mit äußerster Gewissheit.

Diese teuflische Gewissheit lässt sie uns den Tod wünschen. Nazis sind schlecht, ihr seid Nazis, also müsst ihr alle umgebracht werden – das ist ein logisch einwandfreier Syllogismus, der auf ihre Gehirne schlägt wie eine Axt auf den Stamm eines lebenden Baumes. Es ist kein Mitleid in ihren Worten.

Eines der charakteristischsten Merkmale des Geistes eines »Russisten« ist das völlige Fehlen von Mitleid oder Mitgefühl. Die Objekte, die in der Ukraine, so habe ich das Gefühl, mit am meisten bombardiert werden, sind Krankenhäuser. Ich glaube nicht, dass die russischen Piloten, die uns mit Bomben bewerfen, deswegen Gewissensbisse haben. Alle Menschen da unten sind Nazis, denken sie, und alle Nazis müssen getötet werden, auch die, die vor fünf Minuten geboren wurden und zum ersten und letzten Mal in ihrem kurzen Leben mit ihren kleinen Armen und Beinen fuchteln, auch die, die jetzt geboren werden. Sie sind alle Nazis. Punkt.

Die beiden Maximen »Wir sollten die Welt verändern, statt sie zu erklären« und »Unsere Doktrin ist allmächtig, weil sie wahr ist« erlauben es ihnen, Gewissen und Mitgefühl so einfach auszuschalten wie das Licht im Badezimmer. Es gibt den absoluten Nullpunkt der Temperatur, der bei −273,15 auf der Celsius- oder bei −459,67 auf der Fahrenheit-Skala liegt. Und es gibt den absoluten Nullpunkt des Mitgefühls, den ich »Russismus« nenne.

Ein vernünftiger, gesunder Mensch kann das Mitgefühl in seinem Herzen niemals abschalten. Selbst wenn ich ein Insekt töten muss, empfinde ich Mitleid für die unglückliche

Kreatur. Selbst wenn die Umstände mich dazu zwingen würden, einen wirklich bösen Menschen, einen Erzfeind alles Menschlichen, zu töten, würde ich es nicht ohne Mitgefühl tun, oder vielleicht würde es mich auch davon abhalten, es zu tun. Jeder geistig gesunde Mensch würde bis zu einem gewissen Grad das Gleiche fühlen.

Die Leute, die Bomben auf unsere Krankenhäuser werfen, die sagen, dass wir alle Nazis seien, die kein VPN auf ihren Computern installieren wollen, um die Wahrheit zu erfahren, obwohl sie in den Achtzigerjahren vermeintlich feindliche Stimmen in ihren Radios gehört haben, die Leute, die einmal unsere Freunde waren, sind alle nicht geisteskrank. Nein, sie sind *moralisch* krank.

Ich denke, es wird der Tag kommen, an dem wir neben den körperlichen und geistigen Krankheiten auch die Existenz moralischer Krankheiten anerkennen werden. Und dann werden Russismus und Faschismus in den medizinischen Büchern stehen, zusammen mit Schizophrenie oder blutigem Durchfall, der übrigens die gleiche Farbe hat wie Russismus: Dunkelrot mit einem Hauch von Braun.

18. März 2022. Am Nachmittag gehe ich hinaus und sehe, dass sich jemand die Mühe gemacht hat, den Tauben Hirse zu geben. Die Vögel lieben sie. Sie fressen und gurren gleichzeitig, weil sie wissen, dass der Frühling gekommen ist. Der Schnee ist mit den Fußspuren der Tauben bedeckt.

BALDRIAN

19. März 2022

Der 19. März 2022 ist ein sonniger Tag. Es liegt etwas Neues in der Luft, oder vielleicht kommt es mir nur so vor, weil ich eine Frau gesehen habe, die die Straße hinuntergegangen ist, an der Hand ihre kleine Tochter, und beide lächelten und redeten miteinander. Ruhig liegt die Gegend da. Es sind fröhliche Gesichtsausdrücke, die ich schon so lange nicht mehr gesehen habe.

Die Straßen sind heute generell weniger leer als sonst. Ich erblicke einige Leute mit Kindern. Sie rennen nicht, und sie beeilen sich nicht, sich zu verstecken. Es gibt viel weniger Artilleriefeuer, und diese plötzliche Abwesenheit von Geräuschen erzeugt ein neues Gefühl von Freiheit, Entspannung oder falscher Gelassenheit. Es ist, als ob man sich so lange mit einem elektrischen Rasierapparat den Bart trimmt, dass man das Geräusch gar nicht mehr wahrnimmt, und dann schaltet man das Gerät aus, und in diesem klaren Augenblick plötzlicher akustischer Glückseligkeit geht einem das Herz auf.

Aber das Artilleriefeuer ist nicht ganz verschwunden. Es rumpelt und rollt immer noch am Horizont entlang wie entfernter Donner.

Ich will heute ein paar notwendige Medikamente kaufen, also werde ich in einigen Apotheken Schlange stehen, und jede davon wird eine bis anderthalb Stunden lang sein. Jede Schlange hat auch ihre eigene emotionale Atmosphäre:

Einige sind ruhig, demokratisch und respektvoll, andere autoritär und manche sogar psychotisch. In dieser Hinsicht ähneln Schlangen kleinen Ländern mit je eigenen Gesetzen und Bräuchen.

Ich stelle fest, dass es genügt, wenn ein paar nervöse, aufgeregte oder wütende Menschen anstehen, um die ganze Schlange nervös, aufgeregt oder wütend zu machen. Bereits eine psychopathische Person, die alle anderen anschreit und die Leute herumkommandiert, verwandelt die Schlange in eine Miniaturausgabe von Putins Russland.

Aber jetzt stehe ich in einer demokratischen Schlange, in der die Leute miteinander reden wie Freunde. Ein alter Mann hinter mir sagt, er brauche Herzmedikamente, einfach irgendein Herzmedikament. Er hat ein faltiges Gesicht und einen schlaffen grauen Schnurrbart, der unter der Oberlippe noch etwas von seiner ursprünglichen gelben Farbe bewahrt hat. Der Alte stützt sich schwer auf einen Gehstock. Er erklärt, dass er sich gerade von einem Herzinfarkt erhole, aber er könne nichts Stärkeres bekommen als Baldrian. Ich sage ihm, er solle den Mann um Rat fragen, der in der Tür der Apotheke stehe, aber der alte Mann schüttelt nur langsam den Kopf.

»Sie lassen es mich bestimmt nicht einmal versuchen«, klagt er über die Leute, die vor ihm stehen. Er muss schon einmal in einer psychotischen Schlange gestanden haben.

Ich gehe zu dem Mann, der die Tür zur Apotheke öffnet und schließt, und frage ihn, ob sie Herzmedikamente hätten. Haben sie nicht. Sie haben nur Baldrian.

Aber der alte Mann mit dem schlaffen Schnurrbart verlässt die Schlange nicht. Er erzählt mir, was ihm am zweiten Tag des Krieges passiert ist. Er wohnte in Saltiwka, in einem sechzehnstöckigen Haus. Damals war er gerade dabei, das Schloss der Eingangstür zu reparieren, als ein Marschflugkörper ins Gebäude einschlug. Die Wucht der Explosion war so groß, dass die Metalltür aus den Angeln gerissen wurde. Die Tür katapultierte ihn weg, er stürzte und verletzte sich am Rücken. Er konnte sehen, wie die Fenster der zweihundert Wohnungen über ihm gleichzeitig zersprangen. Das Glas regnete herab, aber alle Scherben verfehlten ihn, als er auf dem Rücken im Schnee lag.

Er verlor damals alles außer seinem Reisepass, den er immer in seiner Brusttasche trug. Zwei Tage später hatte er einen Herzinfarkt, deshalb braucht er seine täglichen Herzmedikamente, alles außer Baldrian, das er schon gekauft hat und das gar kein richtiges Medikament ist.

Ich rate ihm, sich Leute zu suchen, die ihm helfen können. Er erwidert, das habe er schon versucht, aber die Leute weigerten sich, jemandem zu helfen, der gehen könne und jünger als achtzig sei.

»Ich kann gehen, und ich bin nicht alt«, sagt er. »Ich bin erst fünfundsechzig. Ich bin ein guter Maschinenschlosser. Ich kann arbeiten und mein Geld verdienen. Gute Maschinisten sind jetzt sehr gefragt, weil die jungen Leute keine richtigen Jobs machen können! Sie können nur am Computer sitzen!«

Ich habe nicht das Gefühl, dass er wirklich an seine eigenen Worte glaubt.

Der gute Maschinist bleibt noch eine Weile in der Schlange, obwohl er hier nicht kaufen kann, was er braucht, dann geht er weg, langsam, vorsichtig, um nicht auf dem unebenen Eis auszurutschen. Sein Rücken ist auf die rechte Seite geneigt.

Eine Frau geht vorbei und spricht mit ihrem kleinen Sohn. Der Junge lächelt, und sie lächelt zurück. Sie haben es nicht eilig, sie rennen nicht weg und versuchen nicht, sich zu verstecken. Sie gehen einfach lächelnd vorbei, während in der Ferne das Artilleriefeuer leise über die Dächer dröhnt.

EIN HUND AUS SALTIWKA
19. März 2022

Der Mann ist groß und schwer, seine Wangen sind rot. Er hat einen ebenso großen Hund bei sich, der wie ein Deutscher Schäferhund aussieht. Das Tier ist angeleint, trägt aber keinen Maulkorb. Es hat das breite Lächeln eines perfekten Pazifisten und freundliche Augen, die sagen: »Meine Menschen tun jede Minute etwas Gutes für mich. Was könnte es diesmal sein: ein Leckerli, ein Spielzeug, eine Streicheleinheit für den Bauch?«

Es ist allerdings seltsam zu sehen, dass ein derart riesenhafter Hund einen Pullover anhat, so als wäre er ein Chihuahua.

»Sein Rücken ist verbrannt«, erklärt der rotbackige Mann.

Er sagt, es sei nicht sein Hund, und erzählt dann, wie er das Tier vor zwei Wochen auf der Flucht aus Saltiwka gefunden habe. Er und einige andere Leute seien zu ihrem Auto gerannt, um ihr Leben zu retten. Als sie einen Hund auf sich zukommen sahen, bekamen sie Angst, denn wilde Hunde attackieren alles, was sich bewegt. Der Hund ist schließlich so groß wie ein Wolf und wirkte außerdem so, als ob er angreifen wollte.

Der Mann blieb stehen und machte sich bereit, sich zu verteidigen, aber als der Hund sich näherte, fiel er vor ihm auf den Asphalt und umklammerte die Beine des Mannes mit den Vorderpfoten. Er wollte ihn nicht mehr loslassen.

»Es war so«, sagt der Mann und macht mit seinen Händen eine ausladende Geste, die zeigt, wie der Hund ihn umarmt hat. Der Hund sitzt währenddessen die ganze Zeit auf dem Schnee, seine Augen folgen dem Gesicht und den Händen seines Herrchens. Wenn er merkt, dass wir über ihn sprechen, lächelt er noch breiter, sein Hinterteil beginnt, sich zu winden, und er klopft ein paar Mal begeistert mit dem Schwanz auf den Schnee.

»Also musste ich ihn mitnehmen«, erklärt der Mann. Dann erzählt er weiter, dass sich der Hund, nachdem sie zu Hause angekommen waren, in eine Ecke hockte und dort zwei Tage lang blieb. Er wimmerte die ganze Zeit, Tag und Nacht. Dann ging es ihm besser, und er kam in die Küche, um gefüttert zu werden.

»Meine Frau gab ihm zuerst eine gekochte Kartoffel«, sagt der Mann.

Aber der Hund muss vorher in einer reichen Familie gelebt haben, deshalb wusste er nicht, was das ist. Er hat nicht einmal daran geschnüffelt.

Der Mann, der gerade ein gekochtes Ei aß, spürte, dass er es nicht herunterschlucken konnte. Er nahm das Ei aus dem Mund und gab es seiner Frau, damit sie den Hund füttern konnte.

»Ich würde lieber selbst hungern«, gibt der Mann zu, und der Hund klopft mit dem Schwanz auf den Schnee, weil er weiß, dass wir über ihn sprechen. Der Hund hat noch keinen Namen.

Wir stehen in der Schlange vor einer Drogerie. Jemand hat einen kleinen Holzstuhl vor die Tür gestellt. Der rotgesichtige Mann setzt sich mühsam darauf und erklärt, dass er Erfrierungen an den Füßen habe und deshalb nicht lange stehen könne. Ich sehe, dass die Schnürsenkel aus seinen Stiefeln gerissen und seine Füße geschwollen sind. Er sagt, das sei die Folge davon, dass er kürzlich vor einer anderen Drogerie in einer Schlange gestanden habe, die zwei Tage lang war.

Ich glaube ihm zunächst nicht, aber er erklärt mir, dass die Schlange am ersten Tag drei und am zweiten Tag sechs Stunden lang war.

»Das war einen Tag, nachdem sie mit der Bombardierung begonnen hatten«, sagt der Mann. »Zuerst ging ich zu einem Rost-Supermarkt. Als ich dort war, gab es plötzlich einen lauten Knall, und das Licht ging aus.«

Er erzählt, es seien viele Menschen drinnen gewesen, wahrscheinlich Hunderte, aber niemand habe ein Wort gesagt. Alle standen wie stumm in völliger Dunkelheit und lauschten, was draußen passierte. Dann fuhren die Computer wieder hoch, und ein paar Minuten später ging das Licht an der Decke wieder an. Die Leute begannen, miteinander zu reden. Dann fiel eine weitere Bombe, und es gab kein Licht mehr.

Daraufhin dachte der Mann, dass er für den Fall der Fälle ein paar Notfallmedikamente brauchen würde, und beschloss, sich bei der nächsten Apotheke anzustellen. Das war eine falsche Entscheidung, denn am Ende hatte er sich die Erfrierungen an den Füßen zugezogen.

Als der Mann zu Ende gesprochen hat, kommt der Hund zu ihm, legt den Kopf auf sein Knie, schließt die Augen und schwebt im siebten Himmel der Hunde. Der Mann streicht ihm mit der Hand über den Hals.

HAUFEN VOR DER METALLTÜR
19. März 2022

Als ich heute die dritte Schlange vor der dritten Apotheke hinter mich gebracht habe und endlich eintrete, finde ich mich an einem technologisch fortschrittlichen Ort wieder. Ein Roboterarm schwirrt an der Wand, die aus kleinen Glasvitrinen mit verschiedenen Medikamenten besteht, auf und ab, greift sich das Gewünschte und trägt es zur Kasse. Auf dem Tresen sitzt eine große Katze mit grünen, frechen Augen, und kein Kunde kann es unterlassen, sie zu streicheln. Manchmal schnurrt sie, manchmal beißt sie die streichelnde Hand, um zu zeigen, dass der Laden ihr und niemandem sonst gehört.

Als ich meine Medikamente bestelle, stürzt eine Frau herein und sagt, dass draußen jemand in Ohnmacht gefallen sei. Sie fragt nach Ammoniaklösung. Dann bringen ein paar Leute ein Mädchen von sechzehn oder siebzehn Jahren herein. Sie ist rothaarig und blass, wirklich sehr blass. Sie setzen sie auf einen Stuhl. Die Frau benetzt Watte mit Ammoniaklösung und hält diese nahe an das Gesicht des Mädchens. Ihr Kopf zuckt hoch. »Um Gottes willen, nicht so viel!«, ruft die Apothekerin. »Nur einen Tropfen!«

»Mir geht es gut«, fleht das rothaarige Mädchen seine Eltern an. »Ruft nicht den Krankenwagen, bitte! Ich will nicht ins Krankenhaus!«

Aber ihr Vater tut es trotzdem mit dem strengen Blick eines Mannes, der genau weiß, was das Richtige ist.

Ich verlasse die Apotheke. Ich werde mich heute nicht wieder in eine Schlange stellen. Genug ist genug. Stattdessen habe ich vor herauszufinden, ob es eine geeignete U-Bahn-Station für unseren Schutz gibt. Diese Bahnhöfe wurden als die bestmöglichen Bombenschutzräume angepriesen. Die nächstgelegene Station, »Sportpalast«, habe ich bereits überprüft, aber sie war geschlossen. Jetzt laufe ich zu »Armijska«, der zweitnächsten Station.

Ich stehe allein in der Mitte der schneebedeckten Straße, die zur Station Armijska führt, was ein schlechtes Zeichen ist. Als ich näherkomme, sieht es so aus, als sei der Schnee um den Bahnhof herum frisch und unbetreten, aber dann entdecke ich einen schmalen Pfad aus schwarzem Granit, der zum Eingang führt. Es besteht also die leise Hoffnung, dass Leute hineingehen und ab und zu wieder herauskommen.

Ich steige die breiten, mit Eis bedeckten Stufen hinunter. Zuerst sehe ich nichts außer einem hellen, grünen Leuchten in meinen Augen, immerhin bin ich gerade über ein sonnenbeschienenes Schneefeld gegangen. Ich bleibe stehen und lasse meine Augen sich daran gewöhnen. Drinnen ist es dunkel – dunkel und leer. Der Bahnhof ist geschlossen. Ich sehe die bereits bekannte Metallwand, die den Weg versperrt. Es ist die gleiche wie im Bahnhof Sportpalast. Aber dann sehe ich auch noch etwas anderes, etwas, das die Fußspuren im Schnee erklärt, die zum Eingang aus schwarzem Granit führen.

Dieser Ort wurde in eine Toilette verwandelt. Ich sehe Reihen von gefrorenen oder versteinerten Scheißhaufen in der Nähe der Metallwand. Das ist es. Das ist die ganz und gar ehrliche Mitteilung, die die Bürger von Charkiw für die städtischen Behörden haben, die versprochen hatten, dass die

Metrostationen immer für alle geöffnet sein würden. Diese Art der Mitteilung haben sie sich redlich verdient.

Ich gehe langsam die Treppe hinauf. Der Himmel ist strahlend blau, obwohl, wie ich weiß, das Barabaschowo, das größte Einkaufszentrum Osteuropas, gestern bombardiert wurde und die Lagerhallen dort immer noch brennen. Der Wind hat wohl den Rauch weggeblasen.

Wahrscheinlich bin ich mit meiner Verurteilung der Stadtverwaltung zu streng, denke ich. Alles in allem wissen sie, was in dieser schwierigen Situation zu tun ist. Die Straßen werden sogar gereinigt, nachdem Bomben gefallen sind. Jemand bringt zuverlässig den Müll weg. Die meisten Menschen in Charkiw haben noch Zentralheizung, Strom, Gas und Internet. Und das Wasser? Das Wasser ist problematisch. Wir leben schon seit vielen Tagen ohne fließendes Wasser, und es sieht so aus, als müssten wir noch viele Tage länger ohne es auskommen.

LANGEWEILE
19. März 2022

Wenn ich Putins Rede im Moskauer Luschniki-Stadion höre, ist mein vorherrschendes Gefühl unerwarteterweise Langeweile. Ich kenne diese Art von Versammlungen nur zu gut, bei denen es keinen leeren Platz gibt, egal wie groß der Saal ist, und wo jeder alles gutheißt, egal was gesagt wird. Ein großes Ausrufezeichen in der Mitte und Tausende von anderen, die sich ehrerbietig verbeugen, wie Apostrophe. Ich habe zu viele Plenarsitzungen der Kommunistischen Partei oder Komsomol-Versammlungen erlebt. Sie waren unglaublich langweilig.

Die ganze Sowjetunion, das Land, in dem ich fünfundzwanzig Jahre lang gelebt habe, war manchmal erstickend langweilig. Diejenigen, die sie als das »Reich des Bösen« bezeichnen, denken vor allem an die Verfolgung politischer Dissidenten, an den Gulag, an die Invasion in Afghanistan und so weiter. Da haben sie natürlich recht. Aber über all diesen Dingen stand die Langeweile, erzeugt durch eine unendliche Abfolge von Kongressen, Versammlungen und Sitzungen.

Heute weiß ich, dass, während ich meine Schulbücher las, im Garten Fußball spielte, mich zum ersten Mal verliebte, böse, schreckliche Dinge in meinem Land geschahen. Aber damals ahnten wir noch nichts davon.

Ich war fünf Jahre alt, als Jan Palach sich am 16. Januar 1969 in Prag aus Protest gegen den Einmarsch der Sowjettruppen in die Tschechoslowakei in Brand steckte.

Es mag seltsam klingen, aber ich erinnere mich genau an diesen Tag.

Wir waren bei Freunden meines Vaters zu Besuch, und ihre Wohnung war noch für das Neujahrsfest geschmückt, das wir damals zweimal feierten, am 1. und am 14. Januar. Die Erwachsenen unterhielten sich, lachten und sangen Lieder. Der Freund meines Vaters spielte auf einer großen gelben Gitarre und sah aus wie aus einem Film.

Ich war das einzige Kind dort und langweilte mich. Ich hatte keine Ahnung, was ich mit mir anfangen sollte. Ich wusste, dass wir das Jahr 1969 hatten, und ich begann, die Leute zu fragen, wann das Jahr 1970, das so weit weg schien, denn kommen würde. Man sagte mir, es sei erst Jahresanfang, der 16. Januar. Deshalb erinnere ich mich an das Datum dieses langweiligen Tages, an dem, wie ich viel später herausfand, ein junger Mann in Prag, ein Student an der Philosophischen Fakultät, sich Benzin über den Kopf schüttete, ein Streichholz anzündete und es schaffte, brennend über die Straße zu laufen, bevor er stürzte.

Jan Palach verbrannte sich um vier Uhr nachmittags, als wir bereits im Haus der Freunde meines Vaters waren, als die Gitarre erklang, als wir den Liedern zuhörten, als ich durch die Zimmer streifte und mich langweilte. Nichts änderte sich in diesen festlichen Räumen in diesem schrecklichen Moment der Geschichte. Die Geranien auf der Fensterbank verwelkten nicht, die Luft roch nicht nach Rauch. Die Neujahrsgirlanden fielen nicht von den Wänden, und die Stimme des Freundes meines Vaters, der ein Lied sang, brach nicht.

Ich glaube, alle Erwachsenen wussten an diesem Tag von den russischen Panzern in der Tschechoslowakei. Sie wussten definitiv, dass dort etwas Schlimmes passierte, auch wenn sie von den Details keine Ahnung hatten. Sie waren gute Menschen, aber sie waren freiwillig blind.

Später, als ich ein Fünftklässler war, wurden Kinder aus meiner Schule als lebende Dekoration für eine kommunistische Versammlung in Charkiw aufgeboten. Ich trug blaue Shorts, ein weißes Hemd und einen roten (eigentlich mehr orangen) Pionierschal. Eine Menge Kinder standen in den Gängen des Kulturpalastes, als ein paar wichtige, dickliche Leute zum Podium gingen, um von dort aus über irgendwelche langweiligen Dinge zu sprechen, die sie vom Blatt ablasen oder auswendig gelernt hatten. Der Kulturpalast war riesig, aber alle Plätze waren besetzt. Die Leute sagten Standardphrasen von der Bühne aus, und alle im Publikum applaudierten, als hätten sie gerade etwas Neues und Lebensveränderndes gehört.

Als ich Putins Rede im Luschniki hörte, fiel mir auf, dass er lediglich die Worte wiederholte, die er zwei Jahre zuvor gesagt hatte, oder fünf Jahre zuvor, oder sieben Jahre zuvor. Es war sehr langweilig, das mit anzusehen. Es war die gleiche Art von lethargischer Langeweile, die ich von allen sowjetischen Treffen oder Plenarsitzungen kannte. Aber all diese jungen Leute mit ihren klugen Gesichtern und glücklichen Augen jubelten jedes Mal, wenn sie eine weitere Lüge hörten, die sie schon Tausende Male zuvor gehört hatten. So viel verschwendetes junges Leben.

Es gab jedoch auch etwas Neues, das Putin erwähnte. Er sagte, dass Europa sich jetzt im Zentrum des Nazismus befinde. Er sagte nicht die Ukraine, sondern aus irgendeinem Grund Europa.

20. März 2022

Von Zeit zu Zeit stolpere ich beim Lesen der Nachrichten über einen Autor, der sich sicher ist, dass Russland als Nation böse ist. Manche gehen sogar so weit zu behaupten, dass die Russen genetisch geschädigt sind, weil sie von mongolischen Nomadenstämmen abstammen, die für ihre Brutalität und Gewalt gefürchtet waren. Schon ein kurzer Blick auf die russische Geschichte kann den Eindruck erwecken, dass dies zutreffen könnte.

Wenn man ein paar Stunden russisches Fernsehen verfolgt hat, kann man den Eindruck gewinnen, die Russen seien eine Art Monster. Wenn man in der Ukraine lebt und sich umschaut, kann man vielleicht denken, dass alle Russen brutal oder verrückt sind, denn kein vernünftiger Mensch hier würde tun, was sie gerade machen. Aber die Dinge sind nicht so einfach, wie sie scheinen.

In den Sechzigerjahren fragte der amerikanische Psychologe Stanley Milgram seine Studenten, wie viele Menschen ihrer Meinung nach in der Lage seien, andere zu foltern und ihnen sehr schmerzhafte oder sogar tödliche Elektroschocks beizubringen, wenn sie den Befehl hätten, dies zu tun. Einfacher ausgedrückt: Wie viele von uns können zu Mördern werden? Die Studenten glaubten, dass dies ein oder zwei Prozent der gesamten Bevölkerung seien und nicht mehr. Tatsächlich liegt die Zahl der Menschen, die bereit sind, anderen tödliche elektrische Schläge zuzufügen, in den USA bei 61 Prozent. In außeramerikanischen Studien waren es 66 Prozent.

Die Menschen aller Länder, egal welcher Herkunft, verhalten sich ähnlich. Das bedeutet, dass nicht nur die Russen, sondern auch Angehörige jeder anderen, selbst der friedlichsten Nation unter bestimmten Bedingungen zu einer mörderischen Meute werden können.

Das berühmte Experiment lief folgendermaßen ab: Ein Mann, der dem Schein nach mit Elektroden versehen an einen Stuhl geschnallt war, musste Wortpaare von einer Liste lernen und diese aufsagen. Wenn er einen Fehler machte, versetzte ihm ein anderer Mann, einer der Probanden, der die Rolle eines »Lehrers« übernommen hatte, einen Elektroschock, oder so glaubte er zumindest, wobei er die Spannung jedes Mal erhöhen sollte. Wenn sich der unglückliche »Lehrer« darüber beklagte und nicht weitermachen wollte, wurden ihm Sätze gesagt wie: »Es ist absolut notwendig, dass Sie weitermachen.« Oder: »Sie haben keine andere Wahl, als weiterzumachen.«

Die Ergebnisse von 61 beziehungsweise 66 Prozent scheinen den 71 Prozent Russen nahezukommen, die Putins Krieg gegen die Ukraine unterstützen. Aber 71 Prozent sind immer noch viel mehr als 61 Prozent.

Interessant ist, dass die Zahl derer, die bereit waren, andere zu verletzen oder sogar zu töten, stieg, wenn der Versuchsleiter einen Laborkittel oder andere Anzeichen von Autorität trug. Das ist etwas, das die meisten bösen Diktatoren sehr gut verstehen. Deshalb arbeiten sie sich ihren fetten Hintern ab, um sich mit allen erdenklichen Zeichen und Symbolen der Autorität auszustatten und alle Macht in ihrer Hand zu konzentrieren. Aus diesem Grund hat Putin bei seiner Rede im Luschniki auch die Heilige Schrift zitiert, die angeblich gutheißt, was er tut. Und deshalb zitterte seine Stimme theatralisch, als er den Satz aus der Bibel sprach.

Das war nur ein weiterer weißer Kittel, den er sich überzog, um noch autoritärer zu wirken. Als ob eine so große Anzahl russischer Flaggen, die das Luschniki-Rund wie in Lavendel getaucht aussehen ließen, nicht genügt hätte.

Egal was Putin sagte, die Bedeutung seiner Worte war ganz einfach: »Es ist absolut notwendig, dass ihr weitermacht.« Oder: »Ihr habt keine andere Wahl, als weiterzumachen.« Oder vielleicht: »Es ist absolut notwendig, dass ihr diese Ukrainer tötet.« Oder: »Ihr habt keine andere Wahl, als diese Ukrainer zu töten.« Das ist der Grund, warum 71 Prozent der Menschen in Russland den Krieg unterstützen. Nicht weil sie alle schlecht wären, sondern weil sie Teilnehmer eines riesigen Milgram-Experiments sind, das Realität geworden ist.

»Es gibt keine größere Liebe, als seine Seele für seine Freunde zu opfern«, sang Putin mit seiner verführerischen Stimme und tat so, als seien dies Worte aus der Bibel. Aber das sind sie nicht. Es gibt keine solchen Worte in der Heiligen Schrift. Der neue Laborkittel, den er sich überzuziehen versuchte, hat sich als eine weitere Fälschung herausgestellt. Oder war es ein Heiligenschein, hinter dem er seine Hörner versteckte?

DURST
22. März 2022

Wir leben schon seit vier Tagen ohne Wasser. Jedes Mal, wenn wir in der Nähe des Badezimmers sind, drehen wir die Hähne auf und prüfen, ob das Wasser läuft oder nicht. Jemand in einem Internet-Chatroom schreibt, dass die Russen, diese zuverlässigen Idioten, die Pumpstation in Kotschetok bombardiert hätten. Und sie kann nicht mehr repariert werden, weil Kotschetok jetzt unter russischer Kontrolle ist.

Ich schaue mir die Karte an. Ja, es scheint zu stimmen. Das Wasser, das nach Charkiw gepumpt wird, fließt vom Petschenihy-See nach Tschuhujiw, und Kotschetok ist in der Nähe von Tschuhujiw. Ich weiß, dass es dort ein Wassermuseum gibt.

»Kotschetok?«, fragt meine Frau. »Oh, ich war dort mal in einem Sommerlager, als ich noch zur Schule ging.«

In einem anderen Internet-Chatroom heißt es, dass einige Leute damit begonnen hätten, Schnee zu sammeln und ihn zu schmelzen, um Wasser zu gewinnen. Daran habe ich auch schon gedacht. Es kostet viel Zeit und Mühe, denn wenn der Schnee geschmolzen ist, ist die Wassermenge, die man bekommt, lächerlich klein. Und man kann das Wasser sowieso nicht trinken, weil es zu schmutzig ist.

Eine andere Möglichkeit besteht darin, Eiszapfen zu sammeln, aber der Tag ist ungewöhnlich warm, und alle Eiszapfen sind bereits von den Dächern gefallen und liegen in schmutzige Teile zerbrochen da. Wenn ich mich dafür entscheide, Schnee zu sammeln, sollte ich es sofort tun, denn morgen werden die letzten Schneehaufen geschmolzen sein.

Am Nachmittag bemerkt meine Frau Leute, die Wasser in Plastikflaschen tragen. Ich greife mir sofort so viele Flaschen, wie ich tragen kann, und laufe los, um alle Wasserautomaten in der Nachbarschaft zu überprüfen. Ich kann schon von Weitem erkennen, dass keine Schlangen vor ihnen stehen, aber ich gehe trotzdem hin, nur um zu sehen, dass sie nicht funktionieren. Es gab schon früher Gerüchte, dass das Wasser nicht aus tiefen unterirdischen Brunnen stamme, wie dies angepriesen wurde, sondern nur gereinigtes Abwasser sei. Wie auch immer, die Automaten funktionieren nicht.

Im Supermarkt gibt es allerdings noch Wasser. Es befindet sich in kleinen Plastikflaschen, und es ist stark überteuert. Ich entscheide mich dagegen, es zu kaufen. Noch verdursten wir nicht.

Nach diesen fünfundzwanzig Tagen in der zerbombten Stadt dachte ich, dass mich nichts mehr überraschen würde, aber dann sehe ich plötzlich doch Menschen, die bei einem funktionierenden Wasserautomaten anstehen. Ich weiß nicht, wo die Schlange anfängt, aber sie taucht irgendwo zwischen den Gebäuden auf, holt weit aus, kehrt dann um, kommt näher und führt in die sonnenbeschienene Ferne, wo ihr Schwanz zwischen den Bäumen verschwindet. Was kann die Menschen dazu bewegen, sich in eine solch lange Schlange zu stellen, wenn sie in jeden Supermarkt gehen und Mineralwasser kaufen können, auch wenn es zehnmal so teuer ist wie das Wasser aus dem Automaten? Ich weiß es nicht.

Anstatt meine Zeit in dieser Schlange zu verschwenden, gehe ich zurück nach Hause und pflanze acht kleine Tannenbäume um, die ich selbst aus Samen hochgezogen habe.

Ich setze sie in einen größeren Topf. Es scheint ihnen gut zu gehen, aber der größte von ihnen ist immer noch kürzer als ein Streichholz.

Mein Plan ist, sie wachsen zu lassen und dann Jahr für Jahr als lebende Weihnachtsbäume zu verwenden. Einen davon werde ich selbst benutzen, die anderen gebe ich jedem, der sie haben will. Wenn wir unsere Bäume fünf Jahre lang verwenden, ersparen wir es vierzig Tannenbäumen, abgeholzt zu werden. Der Krieg wird nicht ewig dauern, und auch Putins Ära nicht. Wie alle Macht des Bösen ist beides vorübergehend, also müssen wir jetzt schon an die Zukunft denken.

Tatsache ist, dass sich das Universum stetig verändert. Es entwickelt sich von einfach hin zu komplex, und da das Böse immer primitiver ist als das Gute, lässt das Universum das Böse letztendlich immer hinter sich für das Gute. Immer.

Die Zeit selbst ist ein mächtiger Strom des Guten, und alle bösen Dinge, die über uns kommen, sind nur kurzlebige Wirbel darin. Deshalb pflanze ich heute meine kleinen Tannenbäume. In etwa zehn Jahren, wenn sie zu groß geworden sind, um bei mir zu Hause zu bleiben, werden wir sie irgendwo in den Wald pflanzen.

In fünf- oder siebenhundert Jahren werden sie achtzig Meter hoch sein, das ist fast so hoch wie ein zwanzigstöckiges Gebäude. Dann wird sich niemand mehr an Putin erinnern, außer ein paar öden Historikern, aber meine Tannen, die jetzt noch kürzer als ein Streichholz sind, werden leben und gedeihen.

Heute gieße ich etwas vom kostbaren Wasser auf ihre flauschigen Köpfe, damit sie nicht verdursten.

DER YATRAN
22. März 2022

Es sieht aus wie aus »Star Wars«, aber es ist echt. Das Flugzeug bildet eine scharfe schwarze Silhouette vor dem sich verdunkelnden Himmel Richtung Westen. Die Geschosse, die unsere Flugabwehr darauf abfeuert, sind deutlich sichtbar, wie goldene Rinnsale aus Feuer. Sie sind so schnell wie fallende Tropfen und nur ein bisschen langsamer als Sternschnuppen. Vielleicht aber sind sie nicht flink genug, denn das feindliche Flugzeug ist noch immer unbeschädigt.

Dann beginnt ein weiteres Flugabwehrsystem zu feuern. Dieses ist so schnell, dass die einzelnen Kugeln oder Granaten – oder was auch immer es ausspuckt – zu einem kontinuierlichen Bogen aus zischendem Feuer verschmelzen. Es ist wirklich ein Bogen, denn jetzt sehe ich, dass jedes Geschoss oder jede Granate – oder was auch immer abgefeuert wird – keine gerade Linie beschreibt, sondern eine Parabel.

Außerdem kann ich erkennen, dass der feindliche Pilot das nicht mag. Er wird nervös. Jetzt ändert er ständig die Richtung, als würde er bei einer Flugshow über den Köpfen der applaudierenden Zuschauer protzen. Aber das hier ist echt. Es ist ein Spiel am Rande von Leben und Tod, da kann der Pilot nicht anders, als nervös zu sein und Fehler zu machen.

Der Feuerstrahl reißt nicht ab. Alle ein bis zwei Sekunden fliegen Hunderte von Patronenhülsen gen Himmel, als ob ein Baby eine Handvoll schwarzen Sand nach oben werfen würde. Sie scheinen so langsam zu fallen, dass ich Zeit habe zu erkennen, dass die Schwerkraft eine erbärmlich kleine Kraft ist im Vergleich zu den tödlichen Mächten, die der Mensch erzeugt.

Der Artillerist weiß, was er tut. Ihm ist klar, dass der Pilot die Richtung nicht sofort ändern kann, also lenkt er seinen Feuerschwall nicht direkt auf das feindliche Flugzeug, sondern auf ein Stückchen vor ihm. Er wird das Flugzeug auf jeden Fall erwischen; es ist nur eine Frage der Zeit. Der ganze Vorgang sieht so aus, als würde man versuchen, einen fliegenden Schmetterling mit einem Wasserstrahl aus einem Schlauch zu treffen. Der Schmetterling sieht den Schlauch und das Wasser, flattert aber trotzdem herum, statt zu versuchen zu entkommen.

Von Zeit zu Zeit schießt das feindliche Flugzeug zurück, und dann sehe ich einen Haufen feuriger Pfeile, die von diesem mechanischen Zeus abgeschossen werden. Sie fliegen in verschiedene Richtungen, wie eine Handvoll geworfener Steine. Das macht den Kunstflug noch erstaunlicher.

Zugegeben, ich kann all diese Dinge nur so genau beobachten, weil sie bereits gefilmt wurden. Ich weiß, dass in dreieinhalb Minuten alles vorbei sein wird: Das Flugzeug wird eine lange schwarze Rauchfahne ausstoßen und auf die schroffe Linie des Waldes zustürzen. Aber die Tatsache, dass es schon vor ein paar Stunden passiert ist, macht das Spektakel nicht weniger real.

Trotzdem ist es nicht wie »Star Wars«. Es geht um das Leben von jemandem, der gekommen ist, um dir deines zu nehmen. Der wirklich hierhergekommen ist. Jemand, der zehn Zehen und zehn Finger hat. Jemand, der atmet, schwitzt, dessen Blutdruck in die Höhe schnellt, wenn die Granate schließlich sein Flugzeug trifft. Jemand, der Eltern,

Kinder, Freunde und jede Menge Kindheitserinnerungen hat, wird vor meinen Augen getötet.

Ich schalte den Ton ab, und dann, nach und nach, fange ich an, eine Melodie zu hören. Das feindliche Flugzeug scheint am Himmel zu tanzen zu einer Melodie, die aus dem Inneren meines Herzens kommt. Es ist die eines ukrainischen Liedes, das meine Mutter vor langer Zeit gesungen hat, als sie noch jung war. Das Lied heißt »Yatran«, und das feindliche Flugzeug tanzt am Himmel zu seinem Takt.

Eigentlich war es das einzige Lied, das meine Mutter je gesungen hat. Ich weiß noch, wie sie Socken flickte oder das Geschirr spülte und dabei »Yatran« sang. Yatran ist der Name eines Flusses. In diesem Lied sieht ein Mann ein schönes ukrainisches Mädchen, das zum Fluss geht, um Wasser zu holen. Er denkt darüber nach, dass das Mädchen sich glücklich schätzen kann, eine Familie zu haben, und ein eigenes Haus, das von einem Zaun umgeben ist. Alles in dem Haus gehört ihm. Der Mann aber hat nichts, nur sein Schwert, sein Pferd und seine Pfeife.

Eines Tages fragte ich meine Mutter, worum es in dem Lied eigentlich gehe. Sie wusste es nicht, aber sie stellte eine Vermutung an.

»Ich glaube«, sagte sie, »das ist ein Lied über einen Soldaten, der in der Ukraine war und nach dem Krieg nach Hause zurückkehrte. Da aber sah er, dass seine Heimat und sein Vaterland zerfallen waren. Er hatte nichts mehr. Deshalb beginnt er zu weinen, als er ein schönes Mädchen sieht, das Wasser aus dem Fluss holt.«

Das war die Interpretation meiner Mutter, und ich finde, sie klingt gerade ziemlich aktuell. Vielleicht war das der Grund, warum ich mich heute an dieses Lied erinnert habe.

OBSZÖNITÄTEN
23. März 2022

Eine Frau geht die Straße entlang.

»Schauen Sie mal da drüben«, sagt sie, »das sind Landminen. Es sind so viele!«

Tatsächlich handelt es sich um massive braungrüne Panzerabwehrminen. Jemand hat ein paar Dutzend davon auf die Straße gelegt, ohne auch nur zu versuchen, sie zu tarnen. Sie können nicht einfach so entfernt werden, denn jede von ihnen ist mit einer Anti-Handling-Vorrichtung ausgestattet. Kein Panzer und kein Auto kann hier passieren, aber Menschen schon.

Vorsichtig wie eine Katze, die zwischen auf der Seite stehenden Streichholzschachteln hindurchschleicht, bewegt sich die Frau vorwärts. Zum Glück ist das gar nicht so schwierig, denn die Minen liegen mehr als einen Meter auseinander.

Vor ihr steht ein ausgebranntes Militärfahrzeug.

»Seien Sie vorsichtig«, warnt die Frau. »Da sind wieder welche.«

Allem Anschein nach wurde auch das Fahrzeug von einer Mine in die Luft gesprengt, aber in der Mitte des Kraters sitzt bereits eine andere Mine wie eine Fliege in einer frischen Wunde. Wer hat das so eingerichtet? Die Russen oder wir? Wer macht so etwas? Ich habe keine Antwort darauf.

»Schauen Sie!«, ruft die Frau. »Ist das eine Leiche? Ja, es ist der Körper von jemandem! Von einem Mann.«

Die Leiche liegt ein Dutzend Meter von der Straße entfernt. Sie ist bereits von Schnee bedeckt. Hat es den Mann dorthin geschleudert, getragen von der Druckwelle, oder war er stark genug, diese paar Meter zu laufen, blutend, bevor er umfiel und die Augen schloss und der Schnee unter seinem Kinn aufhörte zu schmelzen? War er ein Russe oder einer von uns? Niemand weiß es, und niemand will es herausfinden.

Die Frau fängt an, Schimpfwörter auszuspucken. Sie hat die ganze Zeit Russisch gesprochen, und jetzt ergeht sie sich in Obszönitäten.

Russische Obszönitäten sind ein interessantes linguistisches Phänomen. Man kann fünf von sechs Wortwurzeln nehmen und mit einer fast unendlichen Zahl von Präfixen und Suffixen aus ihnen alles Mögliche zusammensetzen, wie bei Legosteinen. Man kann zwei Präfixe vor eine Wurzel hängen oder, wenn man will, sogar zwei Wurzeln zu einem Wort verbinden.

Theoretisch kann man als Russe über jedes Thema sprechen und dabei nur Obszönitäten und eine Handvoll Pronomen und Präpositionen verwenden, denn russische Obszönitäten können alle Wortarten außer Pronomen und Präpositionen umfassen. In der Praxis aber, wenn man obszönes Russisch spricht, fügt man normalerweise nach jeder Obszönität ein oder zwei »normale« Wörter ein.

Man stelle sich vor, im Deutschen wäre jedes zweite Wort »sche*ß«. Gutes obszönes Russisch klingt ähnlich, wenn auch viel abwechslungsreicher. Die ukrainische Sprache verfügt nicht über diese einzigartige Linguistik. Wenn man also auf Ukrainisch fluchen will, muss man sich russische Wörter ausleihen. Russische Obszönitäten enthalten überhaupt keine Informationen, sie sind nur Befindlichkeitssignale, die man beim Sprechen verwenden kann, wenn man eine Gefühlslage ausdrücken will oder sich nicht an das richtige Wort erinnert.

Heute sind überall Obszönitäten zu vernehmen. Man hört sie in den Nachrichten, in politischen Reden, und Menschen überschütten sich gegenseitig mit ihnen, wenn sie sich auf der Straße unterhalten. Zuerst schreckte man noch auf, als man sie hörte, aber später musste man sie akzeptieren und sich mit ihnen anfreunden.

23. März 2022. Es ist der erste wirklich warme Tag. In weniger als einer Woche ist die Temperatur um etwa dreißig Grad gestiegen. Seit heute fließt das Wasser wieder aus den Hähnen. Einige Lebensmittelläden haben wieder geöffnet. Die Schlangen sind kürzer geworden. Zwei Männer vor einem Regal diskutieren über eine Dose Kaviar.

»Schauen Sie! Ich * werde * ihn * kaufen!«, sagt einer von ihnen.

»Oh, *. Er ist * großartig mit * Wodka!«, stimmt der andere zu.

»Nein, ich * kaufe ihn * * später«, entschließt sich der erste.

»Sie * meinen * wann?«

»Ich * * meine * am Tag des Sieges!«

Sie reden so weiter, und niemand beachtet sie, niemand erschrickt. Denn dies ist einer der grundlegenden moralischen Werte, die der Krieg verändert hat: Obszönitäten sind nicht mehr obszön. Und wenn sie gegen den Feind gerichtet sind, können sie zu einer Waffe werden.

DAS GASVENTIL
23. März 2022

Spät am Abend besuche ich eine Nachbarin. Ihre Tür ist nur fünf Meter von unserer entfernt, aber jetzt ist dieser kurze Weg so dunkel, dass ich für einen Moment das Gefühl habe, blind zu sein. Dann schaue ich nach rechts und sehe schreckliche Sterne, die mich durch das große Fenster beobachten.

Sie sind so zahlreich wie der Sand am Meeresufer. Es sind so viele, dass ich die Formen der Sternbilder kaum erkennen kann. Der ganze Himmel steht in Flammen, und er sieht nicht aus wie das Innere einer schwarzen Kuppel mit ein paar glänzenden Punkten, so wie es mir früher immer erschien. Jetzt hat der Himmel Tiefe, und ich kann erkennen, dass diese Tiefe unendlich ist, weil sie unglaublich klar ist.

Echte Sterne sind hypnotisierend. Aber wann sind sie echt? Jedenfalls nicht, wenn man sich in einer Stadt aufhält. Nicht, wenn man auf dem Fluss unterwegs ist und die Nacht hereinbricht und man so weit von menschlichen Behausungen entfernt ist, dass man überhaupt keine Lichter mehr sieht. Es gibt immer eine Laterne oder ein Lagerfeuer am Flussufer oder heiße Asche, die wie eine ferne Stadt schimmert, wie man sie nachts vom Flugzeug aus sieht, sodass die Sterne verblassen.

Das letzte Mal, dass ich echte Sterne gesehen habe, die kein menschliches Licht verunreinigte, war vor fünfzig Jahren, in einer Winternacht in einem Dorf in der Region Kursk. Ich erinnere mich an sie, als wäre es gestern gewesen, oder vielleicht nicht wirklich an sie, sondern an das Gefühl, das sie in mir auslösten, das Gefühl, das Vincent van Gogh in seinen Gemälden zu fassen versuchte. Damals, als kleiner Junge, musste ich den Atem anhalten, als ich merkte, wie dessen Nebel vom Sternenlicht erleuchtet wurde. Und als sich der Nebel aufgelöst hatte, konnte ich erkennen, wie echte Sterne wirklich aussehen.

Jetzt fühle ich fast dasselbe. Die Luft der Nacht ist so klar. Der Schnee ist in den Höfen und auf den Straßen geschmolzen, und alles unter dem Himmel erscheint porösschwarz, glattschwarz oder einfach pechschwarz. Die Wände der Gebäude und die sich verzweigenden Bäume sind tintenschwarz, aber immer noch sichtbar, weil sie vom kalten, fernen Flammenreich beleuchtet werden, das auf sie niederscheint.

Dann höre ich in der Ferne das Geräusch von Artilleriefeuer, und ein oder zwei Sekunden später färbt ein kurzes Aufblitzen von rosa Licht den Sternenhimmel, die Häuserwände und die Bäume. Anschließend ist alles wieder still. Im nächsten Moment erblicke ich jemanden, der in einem Gebäude auf der anderen Straßenseite mit einer Kerze ans Fenster tritt. Jemand schaltet das Licht in einem Zimmer an und sofort wieder aus. Es wirkt, als ob eine verängstigte Maus aus ihrem Loch guckt und sich gleich wieder versteckt. Nach einer langen Weile sehe ich zwei Männer die Straße hinuntergehen. Derjenige, der weiter hinten geht, hält eine Laterne. Der andere wirft einen langen Schatten. Sie tragen beide Maschinenpistolen. Es ist ihre Aufgabe, nachts auf den Straßen zu patrouillieren.

Ich durchquere die letzten Meter Dunkelheit, die mich von der Tür meiner Nachbarin trennen. Sie will morgen die

Stadt verlassen, und das macht sie nervös. Sie sagt, sie habe vierzig Jahre gebraucht, um sich eine eigene Wohnung zu kaufen, und jetzt wird sie sie zurücklassen, wer weiß, für wie lange. Immer wieder muss sie weinen. Sie erklärt mir, wo sie ihre Lebensmittel aufbewahrt, denn meine Frau und ich werden auf ihre Wohnung aufpassen, während sie weg ist. Sie hat noch etwas Reis, Eier und Sonnenblumenöl.

Sie sagt, es sei wichtig, dass alle Absperrventile um neunzig Grad gedreht würden. Sie zeigt mir das Sicherheitsventil, mit dem man das Gas in der Wohnung abstellt, und fügt hinzu, dass sie sich in dieser Sache sicher sei. Das Ventil wurde richtig gedreht.

»Weil ich es selbst gemacht habe«, sagt sie. »Ich weiß, wie man das macht. Ich habe das Ventil jede Nacht gedreht, als ich fünf war.«

»Warum das denn?«, frage ich sie. Ich stelle mir ein zerzaustes, großäugiges Mädchen von fünf Jahren vor, das jeden Abend übt, wie man ein Gasventil dreht.

»Um auf den Krieg vorbereitet zu sein, der jeden Moment beginnen konnte«, sagt sie. »Alle haben damals gesagt, dass die USA uns angreifen würden.«

TENNISSPIELER (2)

23. März 2022

Leonid Stanislawskyj, der älteste Tennisspieler der Welt, hat Charkiw verlassen. Er ist jetzt in Polen, bei seiner Tochter. Er hat gestern seinen 98. Geburtstag gefeiert. Er ist so optimistisch, wie er schon immer war. Er sagt, er habe in Polen schon zweimal Tennis gespielt. Es ist schwierig für alte Menschen, ihr Leben und ihre Gewohnheiten radikal zu ändern, den Ort zu verlassen, an dem sie so viele Jahre gelebt haben, aber Leonid Stanislawskyj ist nicht alt. Er sieht vielleicht alt aus, aber er fühlt sich jung.

Sein Freund Tymofjitsch, ein ukrainischer Tennisstar für die über Siebzigjährigen, ist jetzt ein wenig trübsinnig. Er kann in Charkiw nicht mehr Tennis spielen. Das Gebäude, in dem er wohnt, ist beinahe verlassen, und einige Randalierer haben die Eingangstür aufgebrochen. Alle Banken sind geschlossen, also kommt er nicht an seine Ersparnisse heran. Die meiste Zeit verbringt er damit, in Schlangen zu stehen, um humanitäre Hilfe zu erhalten. Er sagt, er habe keine Angst vor dem Tod, denn er habe ein sehr interessantes Leben gehabt. Das ist wahr, sein Leben ist Tausende Seiten Memoiren wert, klein gedruckte. Was er fürchtet, ist, dass eine Bombe ihn verkrüppelt. Er will nicht als Krüppel leben.

Tief in seinem Herzen ist er ein Putinophiler, wie viele andere alte Menschen, die den größten Teil ihres Lebens in der Sowjetunion verbracht haben und seit Jahrzehnten russisches Fernsehen schauen. Aber er mag keine Diskussionen und keinen Streit. Wenn er irgendeinen furchtbaren Propaganda-Unsinn von sich gibt und alle Anwesenden protestieren, sagt er so etwas wie: »Ja, ihr habt natürlich recht« und fügt dann eine weniger harsche Version desselben Unsinns an.

Inzwischen ist es in der Ukraine üblich geworden, Putins Propaganda mit der von Goebbels zu vergleichen, aber psychologisch gesehen sind sie verschieden. Goebbels hat nie behauptet, dass sich die Juden selbst in Konzentrationslager geschickt und sich dort selbst vernichtet hätten, zu welchem Zwecke auch immer. Das wäre ja lächerlich gewesen. Aber laut den russischen Propagandisten sind es die Ukrainer, die Mariupol bombardieren und die Stadt mitsamt Hunderttausenden von Zivilisten dem Erdboden gleichmachen. Eine Ukrainerin ruft ihre Verwandte in Moskau an und schickt ihr als Beleg ein Video der Trümmer, aber von dort kommt die Antwort, dass wir ja selbst unsere eigenen Häuser zerstörten.

Die russische Propaganda bedient sich eines modernen psychologischen Tricks namens »Gaslighting«. Sie erzählt ununterbrochen offensichtliche Lügen, um das Opfer dazu zu bringen, sich selbst und die Realität infrage zu stellen. Und es funktioniert tatsächlich und verändert das Bewusstsein.

Die Tennisspieler-Freunde von Tymofjitsch, die etwas jünger als siebzig sind, versuchen, so aktiv zu leben, wie es unter den gegebenen Umständen möglich ist. Einer ging ins öffentliche Bad, schwamm dann in einem Eisloch und machte ein Selfie mit Saltiwka im Hintergrund. Andere durchkämmten die ganze Stadt, um einen Platz zum Spielen zu finden, denn Tennis ist eine genauso starke Sucht wie Kokain oder Alkohol. Leider hat kein Sportzentrum sie hereingelassen.

Wenn man nicht jung genug ist, eine Waffe zu tragen, und nicht weiß, was man mit sich anfangen soll, ist die beste Art, sich in Charkiw die Zeit zu vertreiben, einen Park aufzusuchen, den Hintern auf einer Bank zu platzieren und die Leute zu beobachten, die vorbeigehen. Sie sind ein interessanter Anblick. Junge Mütter bringen ihre Babys an die frische Luft; andere führen ihre Hunde an der Leine spazieren. Die Sonne scheint, die Menschen lächeln und kauen Sonnenblumenkerne, während oben am Himmel Raketen fliegen und die Flugabwehr versucht, sie abzuschießen. Das scheint niemanden sonderlich zu kümmern. Wir haben uns an Raketen und Explosionen gewöhnt. Selbst kleine Hunde springen nicht mehr auf und fangen an zu winseln, wenn sie wieder einen lauten Knall hören.

Einige Leute haben sich im Hof versammelt, um zu grillen, und der Rauch riecht köstlich. Jemand hat angefangen, Teppiche auszuklopfen, und die Geräusche hallen in dem tiefen leeren Brunnen zwischen den hohen Gebäuden wider. Die Menschen drehen abrupt ihre Köpfe, ihr Lächeln friert ein, ihr Herz sinkt plötzlich in der Brust, und sogar die kleinen Hunde springen hoch und wimmern, weil das Echo wie Schüsse klingt.

PATRIOTISMUS (2)
25. März 2022

Die Stadt wird seit Wochen immer leerer. Langsam, fast unmerklich, denn es drängen sich immer noch viele Menschen vor den Geschäften oder laufen an sonnigen Tagen durch die Straßen. Aber drei der vier Wohnungen im dritten Stock, in dem ich wohne, stehen bereits leer.

Die Lage in Charkiw bleibt stabil, aber die Menschen können mit dem Druck nicht mehr umgehen. Er entsteht dann, wenn alle ringsum zusammenbrechen. Heute Morgen fing die Artillerie bereits um fünf Uhr an zu feuern. Das ganze Haus hat gezittert. Wenn ich es jetzt noch schaffe, meine Augen länger als ein paar Minuten zu schließen, träume ich von Kanonen, die mich verfolgen und aus nächster Nähe auf mich schießen. Säcke mit Lebensmitteln fallen mir aus den Händen und reißen auf, aber statt mit Zwiebeln oder Kartoffeln sind sie mit Artilleriegranaten gefüllt. Sie sind glitschig und glitzern wie Eingeweide.

Alle Menschen sind verschieden. Einige werden primär von Neugierde getrieben: Sie mögen neue Dinge, neue Orte oder neue Bekanntschaften. Sie verlassen etwas, ohne jemals zurückzublicken. Andere werden von der Liebe angetrieben, so wie ich: Sie lieben alte Dinge und vertraute Orte. Ich lese Bücher gerne noch einmal, sehe mir dieselben Filme wieder an, wenn sie denn wirklich gut sind, spreche mit alten Freunden und besuche noch einmal die Orte, an denen ich einst glücklich war.

Das ist mein kleiner, nichtkriegerischer Patriotismus: Liebe zu Dingen, die ich schon oft gesehen oder in den Händen gehalten habe, Liebe zu den Straßen, durch die ich jahrelang gegangen bin, oder zu den Flüssen, die ich oft mit einem Boot befahren habe.

Was mich betrifft, so wache ich am liebsten gegen vier Uhr morgens auf, in einem Zelt, das in der Dämmerung bereits vom ersten Licht des Tages erfüllt ist. Dann stehe ich auf und schaue mir an, wie die rosa aufgehende Sonne den Rand der weiten Wiese erklimmt.

Pterodaktylus-Flugsaurier aus Morgennebel gleiten geräuschlos so tief über den Boden, dass ich sie mit den Händen berühren kann. Die Wiese ist mit hohem Gras bewachsen, und jeder Halm hält seinen Kopf nach unten gebogen, weil er als Krone einen schweren Tautropfen trägt, und jeder Tropfen birgt eine winzige Sonne in sich, und jede Sonne in jedem Tropfen ist heller als die echte Sonne, die so rosa ist wie das Euter einer Kuh und überhaupt nicht blendet.

Im flach einfallenden Sonnenlicht wirft jeder Grashalm einen scharfen langen Schatten, sodass sowohl die Wiese als auch der Nebel gestreift erscheinen. Alles ist so poetisch und doch so einfach, dass der Morgen eigentlich keiner Metaphern oder schöner Worte bedarf, wenn man ihn beschreiben will.

Ich stehe am Flussufer. Der Fluss ist mit dichtem Nebel gefüllt, der gemeinsam mit der Strömung gleitet. Ich habe das Gefühl, dass ich mich an alles, was ich sehe, erinnern und es für immer festhalten sollte, aus keinem besonderen Grund, einfach so. Der Nebel fließt langsam, wie ein endloser Zug, der die Zeit trägt oder vielleicht auch nur die klare, gewaltfreie Essenz einer Zeit, die niemanden altern lässt und tötet.

Ein langbeiniger Storch, der ebenfalls wie ein kleiner Dinosaurier aussieht, hebt seinen orangefarbenen Schnabel und beobachtet mich mit dem langen Blick eines Naturforschers. Er schaut mich an, so wie ein neugieriges Kind einen Baum betrachten kann, der, ohne zu zögern, entschlossen und eigensinnig in den Metallgitterzaun des Gartens hineingewachsen ist.

Dann höre ich etwas, das dem Bellen eines Hundes ähnelt. Ich drehe mich um und sehe Hirsche, die aus dem Wald getreten sind, der ebenfalls noch in Nebel gehüllt ist. Eigentlich erkenne ich nur ihre Geweihe, der Rest ihrer Körper ist verschwommen. Der Hirsch, der die Herde anführt, dreht den Kopf, sieht mich an und lässt seine bellende Stimme ertönen, wahrscheinlich an mich gerichtet oder um seine Herde zu warnen.

Das ist mein kleiner Patriotismus. Ich bin mir völlig bewusst, dass es tonnenweise bessere Orte auf der Welt gibt. Wahrscheinlich treten irgendwo nicht Hirsche, sondern Jaguare oder Nashörner aus dem Morgennebel, und statt Störchen folgen einem bunte Aras mit neugierigem Blick. Aber ich habe Angst vor frei lebenden Jaguaren und Nashörnern, und Aras bringen den Menschen keine Babys. Ihre Schnäbel sind dafür nicht lang genug. Die einfachen Dinge, die ich liebe, gibt es nur hier.

Deshalb möchte ich Charkiw nicht verlassen. Jedenfalls noch nicht. Nicht bevor es unerträglich wird.

PATRIOTISMUS (3)

25. März 2022

Vielleicht werden einige Leute sagen, dass mein Patriotismus nicht patriotisch genug sei. Er besitzt keine ethnische Komponente, überhaupt nicht. Er umfasst einfach die Liebe zu den Dingen, die ich in meinem Herzen trage.

Streng genommen ist es nicht einmal ein ukrainischer Patriotismus, es ist einfach meiner und nur meiner. Ich habe nie geglaubt, dass das Land, in dem ich lebe, besser sei als andere Länder, nur weil ich hier lebe; das wäre Blödsinn. Ich habe immer gewusst, dass mein Land in vielerlei Hinsicht weit davon entfernt ist, perfekt zu sein, also habe ich immer versucht, es ein bisschen besser zu machen. Ich habe nie an die Bedeutung einer allumfassenden Geschichte voller schrecklicher Kämpfe und Siege geglaubt, stattdessen habe ich versucht, mich zumindest ein klein wenig für eine bessere Zukunft einzusetzen, zum Ausgleich.

Ich glaube, mein Patriotismus ist ziemlich veraltet. Ich habe das Gefühl, dass die Dinge um mich herum meine Liebe brauchen, und sie fangen tatsächlich an, eine Seele zu entwickeln, wenn ich sie liebe. Aber in der modernen Welt sind viele Dinge zum Wegwerfen da. Sie haben erst gerade begonnen, in der Tiefe ihres Daseins aus Holz, Elektronik oder Leinwand eine Seele zu entwickeln, schon werfen wir sie wieder weg und kaufen neue Dinge. Und diese neuen Dinge sind frisch, steril und kennen keine Gnade, so wie die Krankenschwestern in schlechten Krankenhäusern. Sie bestehen aus Plastik, Metall, Glas, Seide oder elektronischen Clouds. Sie sind aus der Abwesenheit von Liebe gemacht.

Wahrscheinlich ist mein Patriotismus fehlerhaft, minderwertig oder zu nichts zu gebrauchen. Ich erinnere mich, wie wir vor ein paar Jahren, als wir flussabwärts reisten, in der Nähe von Isjum haltmachten. Wir bauten ein Zelt auf, holten unser Kajak aus dem Wasser und legten unsere Sachen hinein. Der Vollmond machte die Nacht hell und klar. Wir schliefen im Zelt ein, wurden aber bald durch ein seltsames Geräusch von draußen geweckt.

Als ich herauskletterte, sah ich einen Fuchs, der meine Turnschuhe an den Schnürsenkeln fortzog. Ich jagte dem Tier hinterher, aber es erwies sich als sehr schnell. Nach einiger Zeit fand ich meine Schuhe wieder. Sie lagen mitten auf einem Feldweg, aber ohne Schnürsenkel. Der Fuchs hatte es geschafft, sie herauszuziehen, und hatte sie wahrscheinlich gefressen, aber die Schuhe waren sonst noch intakt.

Ich hob sie auf, ging zurück und erblickte den bösen Fuchs wieder. Er hatte überhaupt keine Angst vor mir, sondern lief im Kreis um mich herum und versuchte stets, in meinem Rücken zu sein. Ich musste mich immer wieder umdrehen, um ihn im Auge zu behalten, denn er war ein wildes Tier, das beißen konnte.

Nach einiger Zeit hatte der Fuchs es satt, mich zu umkreisen, und stieg zum Fluss hinunter, um zu trinken. Er sah nicht ängstlich aus und hatte den dicken Bauch von einem, der vor kurzem kräftig zu Abend gegessen hatte. Ich bezweifelte, dass ihn meine Schnürsenkel hatten sättigen können. Dann sah der Fuchs mich stolz an, wie ein Sieger, und trottete davon.

Erst am Morgen fanden wir heraus, dass der Fuchs alle Lebensmittel, die wir im Boot aufbewahrt hatten, aufgefressen hatte. Er hatte mich mit meinen Turnschuhen einfach vom Zelt und vom Boot weggelockt und sich dann über die zwölf gekochten Eier hergemacht, die wir hatten. Davon stammte sein dicker Bauch.

Diesen friedlichen Ort am Flussufer gibt es jetzt nicht mehr, denn Isjum ist wiederholt zum Schauplatz von Kämpfen geworden. Die Gegend ist übersät mit toten Panzern, die noch tagelang qualmen, nachdem sie in Brand geschossen worden sind. Der Boden liegt schwarz und verkohlt, und die Luft ist voller Rauch.

Es ist eine Szenerie wie aus einem apokalyptischen Film. Aber ich glaube, dass diese schrecklichen Dinge eines Tages enden werden. Die toten Panzer werden von fleißigen Traktoren weggeschleppt werden, und das Land wird mit frischem grünen Gras bedeckt sein. Und dann werden die Enkelkinder jenes schlauen Fuchses in einer mondhellen Nacht zu unserem Zelt kommen, uns einen weiteren Streich spielen, und wir werden hungrig und dankbar zurückbleiben. Daran zu glauben, ist ein Teil meines Patriotismus, der weder modern noch patriotisch genug ist.

RAUCH
25. März 2022

Die Schlangen vor den Filialen von Nova Poshta gehören zu den längsten in Charkiw. Denn dort werden humanitäre Hilfsgüter ausgehändigt oder Pakete ausgeliefert. Nova Poshta ist schnell und zuverlässig und funktioniert sogar in Kriegszeiten. Wenn man etwas kaufen muss, das es in der eigenen Stadt nicht gibt, bestellt man es einfach über Nova Poshta und bekommt es in ein oder zwei Tagen zugestellt. Die Nova-Poshta-Schlangen werden Tag für Tag länger – und das schneller, als Bambus in einem Zeitrafferfilm wächst.

Vor zwei Tagen schlug eine Rakete in eine Nova-Poshta-Filiale ein. Sechs Menschen, die darauf warteten, humanitäre Hilfe zu erhalten, wurden getötet, und viele weitere verwundet.

Die Schlangen sind nach diesem Zwischenfall nicht kürzer geworden, aber die Menschen, die in den Büros von Nova-Poschta-Filialen arbeiten, sind jetzt ein wenig nervös. Alle sagen, dass die Russen gerne auf große Menschenansammlungen zielen, damit sie ihre Granaten effizienter nutzen können. Das mag stimmen oder auch nicht, aber nachdem sie das Mariupol-Theater mit fünfzehnhundert Menschen im Keller zerbombt haben, zweifelt niemand mehr daran.

Heute steht meine Frau in der Schlange vor der Filiale der Nova Poshta, die sich im Erdgeschoss unseres Hauses befindet. In den Tagen vor Kriegsbeginn habe ich festgestellt, dass die jungen Leute, die dort beschäftigt sind, außerordentlich faul sind: Während einer von ihnen arbeitete, rauchten im Hinterhof immer zwei oder drei, schauten auf ihre Mobiltelefone oder taten einfach nichts. Jetzt haben sich die Zeiten geändert. Nur einer von ihnen raucht und tut gerade nichts, während die anderen drei die Dinge effizient und kompetent erledigen. Ich kann die Schlange von meinem Fenster aus sehen. Sie ist lang, aber sie bewegt sich schnell.

Leider ist der Artilleriebeschuss heute stark und dicht, was die Nova-Poshta-Angestellten besonders nervös macht. Ich kann verstehen, warum. Sie befinden sich ununterbrochen im Zentrum einer großen Menschenmenge, und das macht sie zu einem perfekten Ziel.

Gegen Mittag erblickt einer von ihnen eine seltsam geformte Wolke am Himmel. Sie sieht aus wie ein vertikaler Strich aus Rauch, und um sie herum sind mehrere weiße Punkte erkennbar. Keiner weiß sicher, worum es sich handelt, aber einer der Angestellten kommt auf die Idee, dass dies bedeute, dass unsere Raketen etwas getroffen hätten und die Russen sofort zurückschießen würden. Sie schließen die Filiale trotz der Proteste derer, die schon lange in der Schlange gewartet haben.

Wenn der Mitarbeiter von Nova Poshta recht hatte, dann werden die Russen unser Haus jetzt bombardieren. Wir glauben das nicht wirklich, aber eine Stunde lang bleiben wir von den Fenstern weg und warten unbewusst darauf, dass eine Rakete bei uns einschlägt.

Am späten Nachmittag ist der Himmel rauchverhangen, und ein bitterer, erstickender Geruch durchdringt die Räume. Es wird dunkel, aber es gibt keine Sterne am Himmel zu sehen, die Umrisse der Gebäude wirken verschwommen. Es fällt schwer zu atmen. Die Leute im Internet-Chatroom informieren sich gegenseitig darüber, dass ein erheblicher Teil der Stadt von Rauch bedeckt ist. Jemand, der Maschinengewehrsalven gehört hat, mutmaßt, dass es sich um feindliche Luftlandetruppen handeln könnte, die im Qualm herumlaufen, der sich ausbreitet wie verschüttetes Wasser.

Der starke Wind trägt Pappkartons über die Straße.

Es fällt immer noch schwer zu atmen. Wir kleben alle Ritzen an den Fenstern mit Klebeband ab, um die Wohnung so luftdicht wie möglich zu machen. Sobald wir rundum verpackt sind wie Petersilie im Supermarkt, legt sich der Rauch.

Im Chatroom wird berichtet, dass wir uns entspannen könnten: Es sei kein chemischer Angriff gewesen, also beruhigen wir uns ein wenig. Es war wohl nur ein großes Feuer in der Nähe des Flughafens von Charkiw, oder vielleicht brannte der Flughafen selbst. Die Straße ist immer noch voller Rauch, aber die Windrichtung hat sich geändert, und nun werden einige der hellsten Sterne sichtbar. Wir beeilen uns aber nicht, das Klebeband von den Fenstern zu lösen.

Eine unserer Nachbarinnen, die alte Frau, die an den Erlöser Putin glaubt, denkt immer noch, dass es ukrainische Nazis seien, die ukrainische Städte bombardieren und niederbrennen würden.

»Meine Güte«, sagt sie mit majestätischer Unschuld. »Ich hätte mir nie vorstellen können, dass wir bei uns so viele Nazis haben!«

HORIZONT (2)

25. März 2022

Horizont, das Wohngebiet im östlichen Teil von Charkiw, in dem meine Eltern früher lebten, wurde am 1. März schwer beschossen, und am nächsten Tag, dem 2. März, war ich dort und sah die Verwüstung. Jetzt hat jemand zwei selbst gedrehte Videos aus Horizont ins Internet gestellt.

Das erste Video ist auf den 3. März datiert, und die Dinge, die ich darin sehen kann, sind mir größtenteils bekannt. Der einzige Unterschied ist, dass ich sie in aller Ruhe anschauen kann und meine Sicht nicht durch den Adrenalinrausch beeinträchtigt ist.

Was mir als Nächstes auffällt, sind die Glasscherben, die alles bedecken, manchmal in Schichten. Als der Mann, der filmt, sich dem leuchtend roten Rettungswagen nähert, der vor einem Bombenkrater liegt, sehe ich, dass der Wagen nicht von einer Granate getroffen wurde, wie ich zuerst dachte. Als ich dort war, sprudelte das Wasser aus dem Krater, und das Taxi, in dem ich saß, fing fast an zu schwimmen. Jetzt wurde das Wasser abgedreht, und ich bemerke, dass es nicht nur einen, sondern viele Bombenkrater gibt. Jeder von ihnen ist drei bis vier Meter breit und etwa eineinhalb Meter tief.

Das linke Vorderrad des Rettungswagens ist in ein tiefes Erdloch gesunken, und der Wagen ist stecken geblieben und auf die Seite gekippt. Als das Taxi mit mir auf dem Rücksitz am Vortag des 3. März um das Hindernis herumgefahren war, hätte es leicht in einen der Krater fallen können, der sich mit Dreckwasser gefüllt hatte. Aber Gott hat an diesem Tag über mich gewacht.

Ebenfalls neu sind kaputte Stromleitungen, die kreuz und quer auf den Straßen liegen. Es sind Bus-Oberleitungen sowie Kabel, die Kioske und Gemüsestände mit Strom versorgten. Von ihnen sind einzig versengte Metallskelette übrig geblieben. Es sind immer noch Menschen auf der Straße, viele von ihnen stehen in einer Schlange vor einer Apotheke. Dann sehe ich fünf Autos vor dem Haus mit der Nummer 128 stehen. Sie wurden von einer Rakete oder einer Mörsergranate getroffen. Sie sind völlig ausgebrannt.

Ich habe ja bereits berichtet, dass in einem von ihnen eine Familie mit Kindern bei lebendigem Leibe verbrannt ist; es gab darüber eine Meldung in den Nachrichten. Ich muss diese Kinder wahrgenommen haben, als sie noch lebten, denn normalerweise strömen jeden Abend Kinder auf die Straßen von Horizont und hängen dort herum. Sie gehen ihren Spielen nach und sind so zahlreich wie Ameisen. Ja, ich muss sie bemerkt und gekannt haben, und vielleicht habe ich sogar ein- oder zweimal in die Augen dieser Kinder geschaut, die sterben würden. Aber nichts regte sich in meinem Herzen, das mir ihr Schicksal warnend angekündigt hätte. Gar nichts.

Es gibt auch noch andere Autos in der Nähe. Einige von ihnen sind von Granatsplittern durchlöchert und ruhen schwer auf ihren platten Reifen, andere haben Pappe statt Windschutzscheiben, aber der Rest sieht intakt aus. Die drei Gebäude mit den Nummern 128, 130 und 132 sind am stärksten beschädigt. Früher formten sie zusammen einen gemütlichen Hof mit einem leuchtend grünen und gelben

Kindergarten in der Mitte. Jetzt stehen ihre sechzehnstöckigen Fassaden rußgeschwärzt und tot da und starren uns aus den leeren Augenhöhlen ihrer Fenster an. Und alles ist mit hellblauen Glasscherben bedeckt. Die einzigen Fenster, die heil geblieben sind, gehören überraschenderweise zu dem Kindergarten.

Am stärksten beschädigt ist die Nummer 130. Die zwei oder drei obersten Stockwerke sind zerstört. Die Zwischenböden sind eingestürzt und liegen nun in Trümmerhaufen aus Beton, Metall, Fliesen und Glas herum. Der Mann, der das alles filmte, berichtet, dass er den Moment miterlebt habe, in dem etwas im Dach des Gebäudes einschlug. Er sagt, zunächst sei etwas Glänzendes steil nach oben geschossen, so lautlos wie eine Leuchtrakete und beinahe höher als die Wolken, und dann sei es nach unten gestürzt, wieder fast senkrecht. Und im nächsten Moment war Nummer 130 voller Rauch und stand in Flammen.

Einige Leute gehen die Straße entlang und fragen den Mann, der filmt, was genau er hier mache und wer er eigentlich sei. Sie sind misstrauisch. Tauben flattern herum, auf der Suche nach etwas Essbarem in den Betontrümmerhaufen.

Es gibt ein weiteres Video aus Horizont, das zwanzig Tage später aufgenommen wurde. Nur eine Sache hat sich verändert: Es sind jetzt überhaupt keine Menschen mehr zu sehen. Der Stadtteil sieht verlassen aus. Hunderte und Aberhunderte von zerbrochenen Fenstern und keine einzige lebendige Seele in der Nähe. Wenn die Artillerie aufhört zu schießen, kommt Stille auf, die durch das Knirschen der Glasscherben unter den Füßen unterstrichen wird.

Aber ich weiß, dass die Gegend keineswegs leer ist. Viele Menschen halten sich seit Wochen in den Kellern versteckt, ohne Strom, Heizung und Wasser. Sie meiden das Sonnenlicht, als wären sie die Morlocks unserer Zeit.

Meine Güte, ich hätte mir nie vorstellen können, dass es hier so viele Nazis gibt.

PALJANYZJA
26. März 2022

»Paljanyzja« ist ein ukrainisches Wort, das theoretisch kein Russe richtig aussprechen kann, ohne sich zu verraten. Als solches kann es verwendet werden, um heimlich arbeitende russische Saboteure zu erkennen.

Paljanyzja ist eine ukrainische Brotsorte. Sogar russische Propagandisten verwechseln sie mit »Polunyzja«, der Erdbeere, wenn sie davon sprechen. In der Theorie also kann das Wort als System der Freund-Feind-Erkennung benutzt werden.

Aber es funktioniert nicht immer wirklich einwandfrei. Meine Frau zum Beispiel kann Paljanyzja nicht mit der richtigen, hundertprozentig ukrainischen Aussprache sagen, obwohl sie in der Ukraine geboren wurde und immer hier gelebt hat. Ich selbst kann es, nicht etwa, weil ich Ukrainer bin, sondern weil meine Großmutter, die Russin war und immer in Russland gelebt hat, mir dieses Wort beigebracht hat, als ich klein war.

Meine Großmutter lebte in der Region Kursk in einem Dorf, in dem die Menschen einen Dialekt des Ukrainischen sprachen. Von ihr hörte ich einen Abzählreim über einen Sack, der von einem hohen Berg herunterrollte und in dem sich Paljanyzja und anderes Brot befanden. So lernte ich, das Wort richtig auszusprechen, bevor ich in die Schule kam. Ich vermute, viele Russen, die in der Kursker Region geboren wurden, vermögen ebenfalls Paljanyzja richtig auszusprechen, sodass unser Freund-Feind-Erkennungssystem nicht wirklich zuverlässig funktioniert. Einige dieser Russen dürften jetzt Teil der Armee sein.

Ich habe mindestens drei Cousins und einen Onkel, die in der russischen Armee dienen und wahrscheinlich am Krieg teilnehmen. Ich habe seit mehr als dreißig Jahren keinen Kontakt mehr zu ihnen. Ich weiß nicht, wo sie sind und was sie tun. Mein Onkel, der jetzt siebzig sein muss, hat sein ganzes Leben lang in der Armee gedient. Er war ein kluger Mann, auch wenn er ab und zu einen geschmacklosen Witz machte. Und er konnte gut Schach spielen. Wenn ich gegen ihn spielte, gewann er immer, solange er absolut nüchtern war. Wenn er aber ein Glas Bier getrunken hatte, bevor er sich ans Brett setzte, war er nicht länger in der Lage, mich zu schlagen.

Es hat mich stets amüsiert, dass ein einziges Glas Bier den Verlauf einer Schlacht beeinflussen konnte, sogar auf dem Schachbrett. Meine Knöchel blieben die gleichen, und auch seine Witze änderten sich nicht. Sah man ihn an oder hörte man ihm zu, hätte niemand sagen können, ob er das Glas Bier getrunken hatte oder nicht. Aber ich wusste es ganz sicher, wenn ich gegen ihn spielte.

Denke ich zurück, dann merke ich, dass unser Schachspiel einer der Hauptgründe war, warum ich beschloss, keinen Alkohol mehr zu trinken. Der andere Grund ist, dass ich den Geruch nicht mag. Meine Nase sagt mir, dass alkoholische Getränke immer nach etwas Fauligem riechen. Ich versuche nie, anderen meine Vorlieben und Abneigungen aufzudrängen. Ich verstehe, dass ich vielleicht völlig falschliege und es womöglich nur an meiner Nase liegt, die aus irgendeinem Grund komisch reagiert.

Ich war mit zwei meiner Cousins, die jetzt vielleicht in der russischen Armee dienen, recht gut befreundet. Der dritte Cousin war viel jünger als ich, er gehörte praktisch zur nächsten Generation. Einer hat immer in Moskau gelebt, der andere in einem kleinen Dorf, in dem es keine andere Lebensperspektive gab, als Traktorfahrer zu werden und mit fünfzig oder sechzig Jahren an Alkoholismus zu sterben. Er beschloss also, die Militärschule zu besuchen, und zog später ebenfalls nach Moskau. Mein dritter Cousin tat es ihm gleich.

Sie waren nicht der militärische Typ, das heißt sie fühlten sich weder verpflichtet, ihrem Land zu dienen, noch spürten sie eine höhere Berufung, dem Führer der Nation gegenüber loyal zu sein oder sich anderen Absurditäten zu unterwerfen. Nein, weit gefehlt. Sie waren einfach gute Typen ohne jede Perspektive im Leben.

Vielleicht aber kämpfen sie jetzt gegen die Ukraine. Da Putin seine gesamte Armee in den Krieg geschickt hat, ist es sehr wahrscheinlich, dass meine drei Cousins sich heute unter unseren Feinden befinden. Vielleicht bombardieren sie Charkiw oder Mariupol, bringen Zivilisten um oder plündern ukrainische Supermärkte. Ich hoffe, das entspricht nicht den Tatsachen, denn wenn es so wäre, müsste ich sie hassen, ihnen den Tod wünschen und sie für jedes Übel verantwortlich machen, das die Menschheit kennt.

Sie waren immer gute Typen mit ehrlichen Augen, unfähig, gemeine Dinge zu tun, fern jeder sinnlosen Grausamkeit. Zwei von ihnen haben immer mit ukrainischem Akzent gesprochen, sodass zu vermuten ist, sie könnten das Wort Paljanyzja richtig aussprechen, wenn man sie danach fragte.

NATIONALISMUS
26. März 2022

Heute, Ende März, hat man fast das Gefühl, der Nationalismus in der Ukraine sei für immer verschwunden. Abgesehen von dem fanatischen Nationalismus natürlich, den es überall gibt: Ein oder zwei Prozent der Gesamtbevölkerung werden immer Menschen sein, die das Wort »Nation« häufiger denken oder aussprechen als »Mutter« oder »Brot«.

In der Ukraine hat es stets ein anderes Problem gegeben: den Flirt der ukrainischen Behörden mit dem Nationalismus. Ein Nationalist zu sein und mit dem Nationalismus zu flirten, ist nicht dasselbe.

Der Erste, der geflirtet hat, war unser Präsident Juschtschenko. Wir wählten ihn 2005, ich habe auch für ihn gestimmt, und das, obwohl ich vor der Wahl sein Plakat gesehen hatte, auf dem er in schwarzer Militäruniform mit Nationalisten posierte.

»So fängt der Krieg an«, sagte ich mir damals, aber ich habe trotzdem für ihn gestimmt, weil ich keine andere Wahl hatte. Er war das kleinere von zwei Übeln.

Der nächste ukrainische Präsident, der mit dem Nationalismus kokettierte und das kleinere Übel darstellte, war Poroschenko. Seine nationalistischen Eskapaden waren der Gipfel der Heuchelei, denn er selbst war Jude, und der fanatische ukrainische Nationalismus betrachtet Juden als Untermenschen. Wenn Sie den Roman »Rabe« von Vasyl Schkljar lesen, ein Buch, das den höchsten offiziellen Literaturpreis der Ukraine gewonnen hat, werden Sie sehen, dass darin zwar alle Russen getötet werden sollen, weil sie Feinde sind, Juden aber umgebracht oder verschont werden können, je nachdem, ob der Protagonist dazu gerade Lust hat oder nicht. Juden sind nicht wichtig und leicht zu töten, so wie Insekten.

Deswegen war es schrecklich, als Poroschenko anfing, das Wort »Nation« etwas zu oft in den Mund zu nehmen.

Ich glaube, es gibt zwei Arten von Nationalismus: einen inneren und einen äußeren. Der innere Nationalismus beinhaltet, dass man glaubt, man wäre irgendwie mehr wert als andere, dass die eigene Sprache und Kultur besser wären als die der anderen, die eigene Meinung mehr Gewicht hätte, weil man zufällig in dem Land geboren ist, in dem man geboren ist. Oder einfach nur so.

Aber selbst wenn man denkt, dass man besser ist, zwingt man seine Meinung den Menschen um sich herum nicht unbedingt auf. Man versteht, dass die eigene Sprache, Kultur und Meinung *subjektiv* besser sind und dass Menschen anderer Herkunft oder mit anderem kulturellen Hintergrund das Recht haben, anders zu denken und auch ihren eigenen inneren Nationalismus zu haben, der genauso gut ist wie der eigene.

Das ist so, als hätte man eine Abneigung gegen Alkohol, aber es stört einen nicht, wenn andere Menschen trinken.

Äußerer Nationalismus hingegen bedeutet, dass man glaubt, die eigene Sprache, Kultur und Meinung wären objektiv besser, und zudem denkt, dass diejenigen, die es wagen, etwas anderes zu glauben, es verdienen würden, belehrt, bekehrt oder verfolgt zu werden.

Ich denke, wenn man zu sehr mit dem inneren Nationalismus kokettiert (der dem Rang einer persönlichen Meinung entspricht, die jeder für sich haben darf), fängt dieser an zu wachsen, breitet sich aus, tritt über die Ufer und wird zu einem äußeren Nationalismus.

Glücklicherweise ist das nicht die Art unseres derzeitigen Präsidenten, der ein russischsprachiger Jude ist. Er ist entweder zu klug oder zu ehrlich, um mit dem Nationalismus zu flirten. Einige TV-Nachrichtensprecher haben sogar begonnen, wieder Russisch zu sprechen, obwohl wir uns im Krieg mit Russland befinden. Der Nationalismus steht nicht länger auf der Tagesordnung, und er existiert mittlerweile hauptsächlich als ein Phantom, das von Putin erfunden wurde und von ihm gejagt wird.

Vom ersten Tag des Krieges an habe ich keine nationalistischen Slogans mehr gehört. Die Verkäufer bedienen wieder auf Russisch, und obwohl es gegen das Gesetz verstößt, werden sie nicht bestraft. Es stört niemanden, wenn ich Russisch spreche. Die ukrainischen Kämpfer verteidigen ihr Land und ihr Volk, nicht ihre Nation. Das ist die richtige und gesunde Art zu kämpfen, denn sowohl das Land als auch das Volk sind wichtigere Entitäten als die ethnische Zugehörigkeit.

Selbst die militärische Spezialeinheit Asow, die tatsächlich als nazistische Vereinigung bekannt ist, verteidigt jetzt die russischsprachigen Menschen in Mariupol und ist bereit, ihr Leben für sie zu lassen.

Ein Sprecher von Asow sagte vor ein paar Tagen in Mariupol: »Ich bitte Sie, die Begriffe Patriotismus und Nazismus nicht zu verwechseln. Patriotismus ist, wenn man seine eigene Mutter mehr liebt als die des Nachbarn. Patriotismus ist, wenn man sein eigenes Land mehr liebt als das Land, das einem die bessere Ernte bescheren würde. Patriotismus ist, wenn man das eigene Volk für das beste Volk der Welt hält und man sein Land beschützt, anstatt ein anderes anzugreifen.«

Ich mag weder das Logo von Asow noch ihre anderen Symbole und Insignien. Ich mag auch nicht die rassistischen Ideen, von denen einige von ihnen beseelt sind. Aber es sieht so aus, als ob ihr Vertreter sich jetzt immerhin die gute Sache zu eigen gemacht hätte, die ich inneren Nationalismus nenne.

SPRACHEN
26. März 2022

Die meisten Menschen in Charkiw, mindestens neunzig oder fünfundneunzig Prozent, sprechen sowohl Russisch als auch Ukrainisch. Ich persönlich kenne nur einen Mann, der ausschließlich Ukrainisch spricht und Russisch für sich auf den Index gesetzt hat. Er wohnt zwei Blocks von mir entfernt. Wir grüßen einander, wenn wir uns auf der Straße begegnen – ich auf Russisch, er auf Ukrainisch. Ich weiß nicht, warum er beschlossen hat, sich sprachlich einzuschränken. Er muss einen ernsten Grund gehabt haben, denn das Leben ist schwer, wenn alle um einen herum denken, dass man ein bisschen seltsam ist.

Das Seltsame ist dabei nicht, dass er Ukrainisch und damit eben nicht so wie so viele seiner Mitbürger spricht, denn niemand, der bei klarem Verstand ist, kann etwas gegen eine so reiche und schöne Sprache haben. Das Seltsame ist eher, dass er sich bewusst kein einziges Wort Russisch erlaubt – der Sprache, die er einmal gelernt hat, perfekt versteht und auch sprechen könnte, wenn er denn wollte.

Er ist ein netter und höflicher Mensch, sogar ein wenig schüchtern. Er spricht immer mit leiser Stimme und sieht einem selten in die Augen. Aber eines Tages, lange bevor Russland sich die Krim schnappte, hängte er ein Plakat an sein Fenster, auf dem stand: »Ukraine, auf zum Kampf gegen das blutige Moskau!« Dieses Plakat hing für lange Zeit und überraschte alle Passanten, denn niemand konnte sich damals vorstellen, dass wir eines Tages wirklich gegen das blutige Moskau kämpfen würden.

Eine ganz andere Art Nationalismus, seine toxische Variante (giftig und clownesk zur gleichen Zeit), vernebelte den Geist vieler Leute, die bei uns in den letzten Jahren im Fernsehen auftraten. Der schlimmste Fall war Iryna Farion, die die Menschen in echte und unechte Ukrainer einteilte, je nachdem, welche Sprache sie benutzten. Einmal forderte sie sogar ein Verbot, Kindern russische Namen zu geben.

Zu Beginn der Zehnerjahre trat sie regelmäßig im Fernsehen auf, verbreitete Hass und stieß Beleidigungen aus, um die Spannungen zwischen den Volksgruppen zu erhöhen. Vielleicht war sie ein Teil von Putins hybridem Krieg gegen die Ukraine. Ich weiß nicht, ob sie Geld von den Russen angenommen hat, wahrscheinlich nicht, aber russisches Geld war zweifellos eine Quelle des Lebensunterhalts für die Leute, die ihre öffentlichen Auftritte organisierten.

Es ist schon komisch, dass sich ukrainische Nationalisten und ukrainische Putinophile psychologisch gesehen sehr ähnlich sind. Sie glauben immer, recht zu haben, und kein noch so guter Beweis und kein logisches Argument kann ihre Meinung ändern. Es scheint, dass sowohl Nationalisten als auch Putinophile nicht über den Teil des Gehirns verfügen, der dafür zuständig ist, die Argumente von Menschen zu verstehen, die anders denken. Was auch immer man sagt, wenn man nicht mit ihnen übereinstimmt, sie hören einem einfach nicht zu. Man kann hundertmal recht haben, sie verschließen trotzdem die Ohren. Die Vorstellungen, die sich in ihrem Kopf eingenistet haben, haben den Teil ihres Gehirns, der dafür gedacht ist, andere Standpunkte aufzunehmen, weggefressen.

Nationalisten können durchaus kreative und hochintellektuelle Menschen sein: Dichter, Schriftsteller, Wissenschaftler, Politiker. Aber egal wer und was sie sind, sie sind uninteressant. Man denkt vielleicht, dass man mit ihnen spricht, aber in Wirklichkeit ist das nicht der Fall. Man spricht stattdessen nur mit den Ideen in ihrem Kopf. Das ist langweilig, weil man den Ausdruck dieser Gedanken schon Hunderte Male gehört hat. Sie haben nichts Neues zu sagen.

Zum Glück lässt mittlerweile niemand mehr chauvinistische Freaks im ukrainischen Fernsehen auftreten. Das ist eine bedeutende Veränderung. Die ukrainischen Behörden haben endlich begriffen, dass der radikale Nationalismus kein Argument gegen den Putinismus ist, sondern nur eine andere Form davon.

Das einzig wirksame ideologische Antidot zum Putinismus können nur die universellen menschlichen Werte sein, das genaue Gegenteil von Nationalismus und Putinismus. Glücklicherweise werden diese universellen menschlichen Werte von immer mehr Ukrainern geteilt, und trotz des Rauchs der vielen Großbrände fällt das Atmen wieder leichter.

26. März 2022. Ich sehe mir ein Video aus Mariupol an. Darin spricht ein Mitglied des Regiments Asow über Hunderte von Leichen, sowohl russische als auch ukrainische, die sich auf den Straßen türmen. Aber, so sagt der Mann, er sei sich sicher, dass wir gewinnen würden. Eines Tages, nach dem Krieg, würden wir gemeinsam durch die Straßen des freien Mariupol gehen. Er lächelt, und er spricht Russisch. Es ist traurig, darüber nachzudenken, dass seine Überlebenschancen im Fleischwolf der ununterbrochenen Kämpfe ge-

ring sind. Höchstwahrscheinlich wird er bald auch eine der Hunderten von Leichen sein, die auf den Straßen liegen.

Er sagt, er habe keine Angst. Niemand habe Angst. Er lächelt. In seiner Stimme sind weder Wut noch aufgestaute Gewalt zu spüren. Und dabei spielt es auch keine Rolle, welche Sprache er spricht.

UND DAS LEBEN GEHT WEITER
26. März 2022

Der 26. März ist ein weiterer warmer, sonniger Tag. Im Verlauf des Krieges hat sich etwas Entscheidendes geändert. Die Russen haben mittlerweile verkündet, dass sie niemals vorgehabt hätten, große Städte zu besetzen. Die Lügner behaupten, daran hätten sie wirklich nie gedacht.

Jetzt werden sie ihre Truppen nach Süden verlegen und versuchen zu vernichten, was von Mariupol noch übrig ist. Dann werden sie wiederkommen, der Krieg wird also noch lange dauern. Aber im Moment werden die Russen aus Charkiw verdrängt. Zwar beschießen sie die Vororte immer noch regelmäßig, und neue Raketen verursachen jede Nacht neue Brände und Verwüstungen, aber alles in allem ist das Leben in der Stadt ruhiger geworden.

Heute sichern die Stadtwerke das Denkmal für Taras Schewtschenko mit Sandsäcken. Dieses Denkmal ist das Herz von Charkiw, es ist das Mark in den Knochen der Stadt. Es hat die NS-Besatzung überlebt.

Ich weiß nicht, warum man das nicht früher gemacht hat, aber besser spät als nie.

Die Arbeit ist hart und dauert lange, weil das Denkmal das größte in Charkiw ist und alle Sandsäcke einzeln aufgestapelt werden müssen. Das Gesamtgewicht des Denkmals beträgt rund fünfhundert Tonnen, und ich frage mich, wie viele Tonnen Sand nötig sind, um damit die riesige Figur des Nationaldichters und sechzehn weitere Figuren ringsum auf dem massiven Sockel aus grauem Labradorit zu schützen.

Freiwillige Helfer füllen mit Schaufeln Säcke mit Sand. Tausende von Säcken liegen bereits auf den Granitstufen herum und warten darauf, dass sie in die Hebevorrichtungen gelegt und hochgezogen werden. Je weiter die Arbeit voranschreitet, desto mehr sieht das Monument langsam wie ein Tempelturm aus. Die Tausenden von Sandsäcken wirken nicht gerade stabil. Die Konstruktion wird von innen mit Holz- oder Metallstreben verstärkt, aber es sieht trotzdem wacklig aus.

Drei Hebekräne hieven die Sandsäcke auf die Spitze des Ringhaufens, der bereits bis zum Torso des mürrischen gusseisernen Schewtschenko reicht. Ein Mann an der Spitze schichtet einen Sack über den anderen. Ich hoffe, er weiß, was er tut, denn es scheint, als könnte die aus einer Unzahl von Säcken bestehende Pyramide jeden Moment in sich zusammenfallen.

Wenn sie trotz allem stabil bleibt, kann sie das Denkmal vielleicht vor Kugeln und kleineren Granatsplittern schützen, sicher aber nicht vor einem direkten Treffer. Immerhin kann ein Granatsplitter über zwanzig Meter weit fliegen, eine Eingangstür aus Stahl durchbohren und eine Backsteinmauer dahinter zerschlagen. Ich habe solche löchrigen Türen gesehen. Der Sandsackberg freilich sieht so fragil aus, als könnte ihn ein starker Windstoß wegblasen.

Das nächste Denkmal, das mit Sandsäcken geschützt werden soll, ist eine Bronzegöttin mit Siegeslorbeer: das Denkmal für die ukrainische Unabhängigkeit. Dann sind die übrigen fünfzig wichtigsten Denkmäler an der Reihe, vor russischem Granatenbeschuss geschützt zu werden.

Die Zeit der stürzenden Steine ist noch lange nicht vorbei: Immer wieder fallen Bomben auf Charkiw, Granaten schlagen in Gebäude ein und werfen Fontänen aus zermalmtem Beton und zerbrochenen Ziegeln auf. Heute aber hat jemand begonnen, Sand und Schotter zu sammeln und daraus diese instabilen Tempeltürme zu errichten, was bedeutet, dass das Leben weitergeht.

Am Nachmittag sehe ich ein kleines Mädchen, das in einem Sandkasten spielt. Auf den ersten Blick erscheint es mir so seltsam wie ein Außerirdischer oder ein Geist. Ein echtes kleines Kind, das in einem Sandkasten spielt! Unmöglich. Das Mädchen klettert die Spielplatzrutsche hinauf, lässt sich hinuntergleiten, und dies immer wieder. Dann bringt es seinen Vater dazu, sich auf die Schaukel zu setzen, und versucht, ihn anzustoßen. Der Vater ist zu schwer, das Mädchen gerät außer sich vor Wut und fängt an, mit den Armen zu fuchteln. Es gibt sich herrisch und wichtigtuerisch, als ob ihm die ganze Welt etwas schuldig sei, aber dann bemerkt es die Rutsche, klettert erneut hoch, und das Leben geht weiter.

FRAUEN
28. März 2022

In den ersten beiden Tagen des Krieges wurden sechs Babys in ukrainischen Bombenkellern geboren. Ich kenne die genaue Statistik nicht, aber gemäß simpler Mathematik müssten bis jetzt zwischen neunzig und hundert Babys unter der Erde auf die Welt gekommen sein.

Einer meiner Cousins, der viel älter ist als ich, wurde während eines schweren Bombenangriffs auf Charkiw geboren, im Jahr 1941. Damals hoben die Leute Gräben in den Höfen aus und bedeckten sie mit Baumstämmen und einer dicken Erdschicht. Sobald ein Luftalarm ertönte, kletterten sie hinein. Der Unterstand konnte sie nicht vor einem direkten Bombentreffer schützen, aber drinnen waren sie sicher vor Feuer, fliegenden Metallsplittern oder umstürzenden Ziegelwänden. Diese improvisierten Bombenbunker wurden »Schtschels« genannt. Da mein Cousin in einem von ihnen geboren wurde, nannten ihn alle Schtschelik, das heißt »der Kleine, der in einem Schtschel geboren wurde«.

Ich erinnere mich an meinen Cousin als einen schlaksigen Mann mit einem riesigen Schnurrbart in seinem braun gebrannten Gesicht. Ich erinnere mich, wie er Wein trank, lachte und armenische Lieder sang. Wie ich ihn so betrachtete, konnte ich nicht begreifen, wie aus einem winzigen Schtschelik, der in einem Schtschel geboren worden war, ein so großer und lauter Mann hatte werden können. Dagegen habe ich mich bis heute nie gefragt, wie sich die Frau gefühlt haben muss, die ihn in einem überdachten Graben, weniger als einen Meter breit, zur Welt gebracht hatte – ohne sauberes Wasser, ohne Strom und zusammengepfercht mit Dutzenden von Menschen, die befürchten mussten, dass es Bomben auf ihre Köpfe regnete.

Wenn ich jetzt darüber nachdenke, versuche ich, mich in meine Tante hineinzuversetzen, aber meine Vorstellungskraft lässt mich im Stich.

Es gibt freilich noch schlimmere Orte, als ein Baby in einem Bunker zur Welt zu bringen. Gestern bedeckte eine Hebamme eine schwangere Frau mit ihrem eigenen Körper, als unweit des Krankenhauses eine Bombe explodierte. Glassplitter durchdrangen ihren Rücken. Das ist alles grundfalsch. Es sollte nicht so sein. Frauen sollten sich nicht unter fallenden Bomben aufhalten müssen. Sie sind nicht für den Krieg geschaffen. Nicht weil sie schwächer, sondern weil sie wichtiger sind.

Ich meine, das ist einfach Biologie, Mathematik und natürliche Auslese. Die Rollen von Männern und Frauen sind asymmetrisch. Angenommen, es gibt einen Krieg, und von fünfzig Frauen und fünfzig Männern werden achtundvierzig oder sogar neunundvierzig der Männer getötet. Der Stamm wird zwanzig Jahre nach dem Massaker wieder vollzählig sein. Was aber, wenn achtundvierzig oder neunundvierzig Frauen ums Leben kommen? Höchstwahrscheinlich wird der Stamm aussterben.

Also sollten Frauen sich nicht Bomben aussetzen. Sie sind in natürlicher Weise wichtiger als Männer. Es dürfen nicht die Schrecken dummer Kriege über sie kommen, die Männer erfunden haben, um andere Männer zu massakrieren.

Feministinnen haben mich schon immer überrascht: Für mich wirken sie wie Vögel am Himmel, die die Fische beneiden und für das Recht kämpfen, Kiemen zu tragen. Frauen sind nicht weniger wert als Männer, das waren sie nie. Im Gegenteil sind sie wichtiger im ewigen Kreislauf des Lebens.

Frauen gehen auf unterschiedliche Weise mit Stress um. Meine Tochter und ihr Freund deckten ihre zerbrochenen Fenster mit Plastikfolie ab und begannen, Kriegsspiele am Computer zu spielen, mit Bildschirmpanzern.

Meine Frau Lena liest und schaut ständig die Nachrichten, und je mehr Nachrichten sie sieht oder liest, desto trauriger wird sie. Jeden Abend sehen wir uns gemeinsam Videos an über das, was an der Front passiert. Das macht uns beide depressiv. Wir schauen trotzdem weiter, und das deprimiert uns noch mehr. Sie hat versucht, Beruhigungsmittel zu nehmen, aber die machen sie schläfrig. Jetzt überlegt sie, ob sie anfangen soll, kostenlos Englisch zu unterrichten, weil es in Charkiw noch Kinder gibt, die aber nicht zur Schule gehen können. Sie möchte etwas Sinnvolles tun.

Unsere Nachbarin aus dem zwölften Stock, die zunächst nicht glauben konnte, dass der Krieg begonnen hatte, dann Heavy-Metal-Songs hörte, am Fenster stand und die nächtlichen Luftangriffe beobachtete, dann in der Badewanne schlief, ist weggegangen.

Eine andere Nachbarin, die achtundachtzig Jahre alt ist und allmählich ihr Gedächtnis verliert, wurde nach Dnipro gebracht, wo ihre Tochter ihr Turnschuhe und einen Regenmantel gekauft hat. Sie sieht cool aus, wenn sie beides trägt.

Nach nur einem Monat Krieg sind viele andere Leute, die ich kenne, nach Dänemark, Deutschland, in die Slowakei, nach Polen oder in abgelegene westliche Ecken der Ukraine geflüchtet. Sie sind auseinandergeflogen wie kleine Glas-scherben, nachdem eine Granate in der Nähe explodiert ist.

Übrigens haben einige junge Frauen in der Ukraine eine interessante Art erfunden, Stress kreativ zu bewältigen. Sie sammeln Geld für die ukrainische Armee, indem sie Nackt-fotos von sich verkaufen. Wie schon Dostojewskyj sagte: »Schönheit wird die Welt retten und alle sinnlosen und grausamen Kriege beenden.«

Damit könnte er vollkommen recht haben.

BUSCHROSEN (2)
30. März 2022

Als wir an der Menschenschlange vor einer Nova-Poshta-Filiale vorbeifahren, erzählt uns der Taxifahrer, dass er die hinterhältige Rakete gesehen habe, die vor einer Woche in eine Nova-Poshta-Schlange eingeschlagen sei. Er sagt, sie sei zwanzig Meter vor ihm detoniert. Er war schnell genug, um sich hinter seinem Auto zu verstecken, aber der Mann, der zwei Schritte weiter entfernt stand, nicht.

Der Taxifahrer erklärt, was mit dem Mann passiert ist, und fragt uns dann, warum wir nach Horizont fahren wollen.

»Sie sind wirklich mutig, wenn Sie jetzt nach Horizont fahren«, sagt er. »Ich bin fünfmal am Tag dort. Ich habe oft Menschen buchstäblich unter Flugzeugangriffen evakuiert. Ein Flugzeug wirft seine Bomben ab, wissen Sie, und dann braucht es drei Minuten, um zurückzukehren und erneut Bomben abzuwerfen. Ich schnappe mir die Leute und rase weg.«

Es ist der 30. März. Meine Frau und ich haben beschlossen, die Wohnung meiner Eltern in Horizont aufzusuchen, weil wir wissen, dass die Russen vor kurzem aus dem östlichen Vorort der Stadt vertrieben wurden und diese nicht mehr so stark beschießen können wie bisher.

In Horizont ist es darum ruhiger geworden. Leute gehen durch die Straßen, auch wenn es keine Geschäfte mehr gibt und man nichts mehr kaufen kann. Wenn weiße Lieferwagen mit humanitären Hilfsgütern auftauchen, kommen die Menschen aus ihren Kellern oder ihren kalten Wohnungen und formen eine Schlange. Es ist derzeit sehr still in Horizont, aber die Stille bleibt ohne Echo, weil die riesigen Gebäude um sie herum keine Geräusche mehr zurückwerfen. Die Geräusche dringen durch die leeren Fensterlöcher und kommen nie wieder zurück.

»Eines Tages sah ich einen Mann, dessen Bein abgerissen war«, erzählt der Taxifahrer weiter. »Ich wollte ihn ins Auto setzen, aber seine Begleiter beschlossen, auf den Krankenwagen zu warten. Dieser traf auch sehr schnell ein, aber es war schon zu spät.«

Als wir uns dem Vorort nähern, deutet der Taxifahrer auf die am grässlichsten aussehenden Gebäude, die die Straße säumen. Er erinnert sich an alle Hausnummern, weiß noch, was dort wann passiert ist. Wir fahren an einem fünfstöckigen Wohnblock vorbei, der in der Mitte ein Loch hat, durch das wir den Himmel und andere Häuser sehen können. Das Loch ist so groß, dass ein Zug hindurchfahren könnte. Dann passieren wir ein Haus, in dem das gesamte Treppenhaus eingestürzt ist, vom fünften bis zum ersten Stock. Danach zeigt er uns ein Gebäude, dem die oberen Stockwerke fehlen und das deswegen »berühmt« ist, weil ein dort lebender Mann in den Nachrichten erklärt hat, er werde Putin mit bloßen Händen umbringen.

Der Taxifahrer ist jung, energisch und stolz auf sein Wissen über die Stadt. »Ich kann fahren«, sagt er. »Viele Fahrer glauben, dass sie es können, aber ich kann es *wirklich*.«

Er erzählt, dass er zur Armee habe gehen wollen, sich aber zu viele Leute beworben hätten, darum sei er zurückgestellt worden. Er habe einen Job als Krankenwagenfahrer gesucht, aber sehr viele Leute aus dem Gesundheitswesen hätten Charkiw verlassen, sodass es zu wenig Personal gebe. Einmal habe er zehn leere Krankenwagen vor dem Krankenhaus stehen sehen, nichts habe sich getan.

Wir nähern uns Horizont, und er zeigt immer wieder auf die seiner Ansicht nach schönste Sehenswürdigkeit – zum Beispiel einen Bombenkrater, in dem sich ein Lastwagen verstecken könnte und in dem sich das Wasser zu einer riesigen Fontäne sammelt, die schon seit zwei Wochen in die Höhe schießt.

Als wir ankommen, bitten wir ihn zu warten. Er lehnt ab und sagt, kein vernünftiger Taxifahrer würde dies hier in Horizont tun. Er fährt sofort weg.

Als wir reinkommen, fällt mir sofort die kalte tote Luft im Gebäude auf. Die Zentralheizung ist schon den ganzen Monat abgestellt, und der Ort hat sich in einen riesigen Kühlschrank verwandelt.

Die Aufzüge funktionieren nicht, und meine Frau steigt schnell in den achten Stock hinauf. Ich bleibe ein wenig hinter ihr zurück, weil ich zwei schwere Wasserbehälter zu tragen habe. Wir haben sie für alle Fälle mitgenommen, denn die Buschrosen müssten mindestens jede Woche gegossen werden und dürften wohl verdorrt sein. Ich war einen ganzen Monat nicht mehr hier, seit dem 2. März.

Ich drehe den Schlüssel im Schloss, und wir treten ein. Drinnen ist es so kalt wie in einer Gefriertruhe. Ich sehe gleich, dass die Rosen noch leben. Die zerbrochenen Fenster und die abgeschaltete Zentralheizung haben die Verdunstung auf fast null reduziert, sodass sie die Zeit überstanden haben. Es wirkt wie ein Wunder.

Meine Frau will die beiden darbenden Sträucher so

schnell wie möglich gießen, aber es gibt keinen Grund zur Eile. Es spielt keine Rolle, ob wir es fünf Minuten früher oder später tun.

Ich trete zum Fenster und schaue hinaus. Zuerst glaube ich, Schneeverwehungen am Fuße der Häuser entlang der Straße zu erkennen, und denke, dass das unmöglich ist. Dann begreife ich, dass es sich um Glashaufen handelt, die aus Scherben bestehen.

Als wir das Haus eine Stunde später verlassen, laufen wir die Straße entlang und sehen verlassene Autos mit zerbrochenen Scheiben und platten Reifen. Es ist so seltsam, die teuren Sitzbezüge darin zu betrachten und daran zu denken, dass niemand diese Autos mehr braucht, dass ihre Motoren nie wieder anspringen werden.

DAS ENDE EINES IMPERIUMS
31. März 2022

Nicht alles, was in der Kriegszeit passiert ist, ist schlecht. Es gibt auch einige gute Dinge. Ich habe zum Beispiel wieder Kontakt zu meinen Verwandten in Bulgarien, die ich vor langer Zeit aus den Augen verloren hatte, oder genauer gesagt: Sie haben den Kontakt zu mir aufgenommen und mir Hilfe angeboten. Es war schön zu erfahren, dass sie viele Nichten und sogar Enkelkinder haben.

Der Krieg hat außerdem dazu geführt, dass die Menschen freundlicher geworden sind. Fremde Menschen reden miteinander und helfen sich gegenseitig, teilen Dinge und geben Ratschläge. Die Menschen sind so tolerant geworden, dass sich selbst zwei ältere Frauen, die herausgefunden haben, dass die eine Putin vergöttert und die andere ihn für den Satan hält, und die sich auf der Straße stritten, plötzlich umarmen und Freunde werden, als sie gemerkt haben, dass sie sich gegenseitig nicht überzeugen können.

Die ukrainische Regierung und der Präsident haben wichtige Wirtschaftsreformen angekündigt. Es besteht die Hoffnung, dass sie endlich etwas Sinnvolles tun: das Steuersystem ändern und die wuchernde Bürokratie bekämpfen. Früher waren beide mit allem Möglichen beschäftigt, nur nicht mit den entscheidenden Dingen. Sie schoben wichtige Reformen jahrelang vor sich her.

Die Dichter von Charkiw, zumindest jene, die ich kenne, haben, vom Krieg inspiriert, neue, ehrliche Gedichte geschrieben. Der unkonventionellste von ihnen, Dmitryj Blizniuk, dessen Werke ich seit Jahren übersetze, schreibt jetzt über das Geschehen. Das kommt einer Erforschung des Marianengrabens der Seele gleich.

Das Entscheidende aber ist der Zusammenbruch des unmenschlichen Imperiums, das Putin aufgebaut hat. Sein Zerbröckeln und sein Zerfall gehen immer weiter, und es ist offensichtlich, dass das nicht aufhören wird. Ich glaube, dass dieser Prozess nicht erst am 24. Februar 2022 begonnen hat, sondern schon acht Jahre früher, am 24. Februar 2014, als Putins Russland aufhörte, Teil der zivilisierten Welt zu sein.

An diesem Tag ging der Militärputsch in Sewastopol über die Bühne. »Putin ist unser Präsident!«, skandierten bestellte Provokateure und schwenkten russische Fahnen. Am nächsten Tag wurde die russische Armee auf der Krim stationiert, um »russische Interessen« zu schützen. Es war der Anfang der russischen Annexion der Halbinsel.

Die Abschlusszeremonie der Olympischen Winterspiele von Sotschi, die am 23. Februar 2014 stattfand, war der Augenblick, als der Herzschlag des zivilisierten Russland zum Stillstand kam. Seitdem hat es auf dem Herzmonitor der universellen Wahrheit und Gerechtigkeit keinen sichtbaren Ausschlag mehr gegeben.

Heute sehe ich mir die Abschlusszeremonie dieser Winterolympiade noch einmal an. Es beginnt damit, dass ein Mädchen, dessen Name mit »Liebe« übersetzt wird, in einem Boot erscheint, das über den Himmel fliegt. Bei ihr sind noch zwei andere blonde Kinder. Der russische Präsident schüttelt den internationalen Gästen die Hand, und niemand ziert sich, einem Mörder Respekt zu erweisen. Im Gegenteil, es ist eine große Ehre, dem Präsidenten eines bedeutenden Landes die Hand zu schütteln, und das vor der ganzen Welt. Dann wird die russische Flagge hereingetragen, aber niemand springt auf und ergeht sich in patriotischer Hysterie. Es ist einfach nur eine Fahne, die da hereingebracht wird.

Die lächelnden olympischen Sieger tragen die Farben der russischen Flagge, Rot, Blau, Weiß, aber niemand zelebriert den Buchstaben Z. Noch ist niemand auf die Idee dieses schändlichen halben Hakenkreuzes gekommen.

Dann singt ein Chor aus eintausend Kindern die russische Hymne. Sie singen wie Engel. Wenn ich in ihre ehrlichen, unschuldigen Augen schaue, bekomme ich eine Gänsehaut. In acht Jahren werden vermutlich viele von ihnen ihren blutrünstigen Führer im Luschniki-Stadion mit patriotischem Gejohle begrüßen, und wenn das blonde Mädchen dort in Moskau wieder aufgetaucht wäre, hätte es am besten den Namen »Hass« getragen.

Die zweite Sache, die mir eine Gänsehaut bereitet, ist der Gesichtsausdruck Putins, wenn er den engelsgleichen Kindern zuhört, die die Hymne singen: Ja, er weiß bereits alles, er hat die nötigen Anweisungen gegeben, und die ersten Aktionen haben begonnen. In der vergangenen Nacht hat er nicht geschlafen, er hat stattdessen eine nächtliche Sitzung mit den Chefs der Sicherheitsdienste einberufen, um zu entscheiden, wie Russland sich am besten einen Teil der Ukraine aneignen kann. Aber sein Gesicht ist nicht geschwollen, er wirkt keineswegs müde. Im Gegenteil, er sieht beschwingt aus, wie ein Samurai-Krieger, bevor er Harakiri begeht.

DAS ENDE EINES IMPERIUMS (2)
31. März 2022

Ich schaue mir nochmals die Abschlussfeier der Olympischen Winterspiele 2014 an, die den Menschen auf der ganzen Welt das Beste der russischen Kultur zeigen sollte.

Ich sehe, wie ein ganzes Dorf kopfüber fliegt. Die herumschwebenden Menschen erinnern an Marc Chagall. Chagall war eigentlich ein französischer Künstler, dessen Augen genauso verrückt aussahen wie jene von Dalí, nur dass der Schnurrbart fehlte. Er war ein in Belarus geborener Jude, aber die Russen betrachten ihn als einen der Ihren.

Ich höre die besten russischen Geiger spielen, sie sind weltberühmt. Dann stößt ein Flügel aus einer bunten Rauchwolke hervor, und ich höre Rachmaninows Musik, die so verführerisch schön ist, dass jedem die Haare zu Berge stehen sollten. Es lohnt sich auf jeden Fall, sie anzuhören. Dann sehe ich das beste russische Ballett.

All diese Dinge hat das zivilisierte Russland der Welt geschenkt: Kunst, Musik, Ballett; und nicht Angst, Blut und Qual – noch nicht. Und doch, heute Abend, nur wenige Stunden später, wird das zivilisierte Russland gestorben sein.

Die Szenerie verwandelt sich, und ich erkenne große russische Schriftsteller und Dichter: Puschkin, Dostojewskyj, Solschenizyn, Tolstoi, Majakowskyj, Jessenin. Dostojewskyj sagt, langsam, deutlich, spaltend, die Worte: »Nein, der Mensch ist breit, zu breit sogar, ich würde ihn einengen.«

Ich glaube, diese Worte haben Putin gefallen. Es ist sicher kein Zufall, dass sie ausgewählt worden sind. Sie umfassen das, womit er sich den Rest seines Lebens hauptsächlich beschäftigen würde: den Menschen einzugrenzen.

Warum wurde ausgerechnet dieser Satz aus der gesamten russischen Literatur ausgewählt? Warum nicht zum Beispiel: »Das Unrecht hört nicht auf, Unrecht zu sein, weil die Mehrheit es teilt«? Oder: »Der einfachste Entscheid eines mutigen Menschen ist es, sich nicht an der Lüge zu beteiligen. Ein einziges Wort der Wahrheit wiegt mehr als die Welt«? Oder vielleicht: »Unbegrenzte Macht in den Händen begrenzter Menschen führt immer zu Grausamkeit«?

Ich denke, es ist offensichtlich, warum.

Ich erkenne viele junge Männer mit leuchtenden Augen, die glücklich sind, in der Gegenwart zu leben; kein Schatten der Zukunft verdunkelt ihre Gesichter. Ich weiß, dass acht Jahre später die Leichen von einigen von ihnen in ukrainischen Wäldern und auf ukrainischen Feldern verstreut liegen werden, mit zerschmetterten Knochen, erfroren, verbrannt, und in den Rucksäcken mancher von ihnen werden unsere eigenen Leute Hefte mit Kinderzeichnungen finden.

Manche mögen einwenden, dass die Zukunft damals nicht vorhersehbar gewesen sei. Ja, logischerweise war der zukünftige Krieg nur eine Möglichkeit, aber tief im Inneren wussten wir alle, dass er kommen würde, wir wussten es die ganze Zeit.

Diese vage Vorahnung ließ mich einst ein Gedicht schreiben, das im Frühjahr 2021 in der Zeitschrift »Der bittere Oleander« erschien, ein Jahr bevor der Krieg begann. Es geht so:

»Wenn du zur rechten Zeit blinzelst,
werden deine sich schließenden Augen ein Bild aufnehmen
von Rauch,
der aus dem Kanonenrohr schießt.
Du wirst überrascht sein zu bemerken,
dass der Rauch dick ist, schwarz wie Teer,
vollkommen kreisförmig.
Er hat einen knubbeligen Rand,
wie ein Rad eines großen Lastwagens,
und in der Mitte liegt ein Ring aus flüssigem Feuer,
der ihn von innen her erhellt
wie ein Blitz eine Gewitterwolke.
Du wirst einen Schwarm weißer Schmetterlinge sehen,
die nur Zentimeter von dem Ring aus Rauch entfernt flattern.
Sie werden ausgelöscht
in nur einer Tausendstelsekunde.
Und bevor du deine Augen wieder öffnest,
oder einen winzigen Moment später,
werden andere schöne Dinge
ebenfalls ausgelöscht sein:
ein gelbes Landhaus
und ein Mädchen, das im Obergeschoss Klavier spielt,
und ein Mops, der breitbeinig wie der Buchstabe H,
über den Boden humpelt in dem gelben Haus,
in dem das Mädchen Klavier spielt.
Der Mops wird schnell genug sein,
um den Granatsplitter zu bemerken,
aber er wird keine Zeit haben, ihm auszuweichen,
wie das überraschte Wasser in einem Topf,
der zu schnell auf den Kopf gestellt wird,
auch keine Zeit hat zu entweichen.

Und im nächsten Moment
werden die Fragmente des gelben Hauses
auf die nasse Erde niederregnen,
die junge Grashalme aus sich herauswachsen lässt,
und die Erde wird aufhören, vor Glück zu schnurren
wie eine schläfrige, wohlgenährte Katze …«

FLÜCHTLINGE
7. April 2022

Eine Rakete ist nur drei Blöcke von meinem Haus entfernt auf einem Kinderspielplatz eingeschlagen, aber wir haben erst ein paar Tage später davon erfahren. Die Nachrichten, die wir im Internet lesen, enthalten keine weiteren Details. Dort heißt es nur: »Eine Rakete tötete in einem Wohngebiet von Charkiw fünf Menschen und verletzte dreißig.« Aber weder wird der Name der Straße genannt noch sind Bilder zu sehen, die dabei helfen könnten zu erfahren, wo sich die Tragödie zugetragen hat. Jemand hat wohl entschieden, dass der Feind die Fotos der Stadt und die Namen der von Granaten getroffenen Straßen verwenden könnte. Daher wissen wir nicht wirklich, was in der Umgebung passiert ist, wir kennen keine Details – bis wir auf jemanden stoßen, der bei einem Beschuss dabei war.

Heute reden wir mit zwei Augenzeugen. Wir haben die Leute mitsamt ihrem kleinen Hund für ein oder zwei Nächte aufgenommen. Es sind eine Frau um die siebzig und ihr erwachsener Sohn. Der Hund, Toschka, ist lustig, ein richtiges Energiebündel, das nie Ruhe gibt. Sie sind nach einer Nacht unter Dauerbeschuss aus Saltiwka geflohen.

»Wir kommen nicht aus Nord-Saltiwka, aber ganz aus der Nähe«, erklärt der Mann. »In Nord-Saltiwka kann man mittlerweile nicht mehr leben.«

Er sagt, sie hätten im elften Stock gewohnt, in einem Haus am Rande der Stadt. Der Mann erinnert sich sogar an die ersten beiden Raketen, die Charkiw um fünf Uhr morgens aufweckten, am Tag, als der Krieg begann. Ich habe diese Explosionen nur gehört, aber er hat sie mit eigenen Augen gesehen. Er sagt, diese Raketen seien in einer alten, verlassenen Militärbasis in einem Vorort eingeschlagen. Sie hätten niemanden getroffen, denn der Stützpunkt sei seit Jahrzehnten geschlossen gewesen, und es habe überhaupt keinen Grund gegeben, ihn anzugreifen. Dann aber brach Feuer aus, und die ganze Stadt konnte seinen Widerschein sehen.

Ich erinnere mich nur zu gut an dieses Leuchten.

Der Mann sagt, dass sie am zweiten Kriegstag in einer U-Bahn-Station Schutz suchen wollten, aber es seien zu viele Menschen dort gewesen, vielleicht tausend oder sogar mehr, und die Luft drinnen sei stickig gewesen. Die Menschen hockten auf engstem Raum eng beieinander, und es war klar, dass es zu einer Katastrophe kommen würde, wenn sie in Panik gerieten.

Also kehrten die beiden nach Hause zurück. Sie blieben dreiundvierzig Tage lang in ihrem Haus in Saltiwka, auch wenn die Heizung bald abgestellt wurde. Gusseiserne Rohre gehen kaputt, wenn das Haus Tag für Tag wie ein Blatt wackelt. Dann wurde das Wasser abgestellt – später aber funktionierte die Versorgung wieder. Ihre letzte Nacht jedoch sei die schlimmste gewesen.

Der Mann erzählt, sie hätten nicht einen Moment lang schlafen können. Die Granaten und Raketen hätten nicht aufgehört niederzugehen, sie hätten das Haus in seinen Grundfesten erschüttert. Man habe nie wissen können, ob ihr Haus oder das der Nachbarn getroffen werde – alle Explosionen waren laut und nah. Ging erst ein Teil eines Fensters zu Bruch, dauerte es etwa zwanzig Minuten, bis auch dessen Rest in sich zusammenfiel.

Dann schaute der Mann durch das Fensterloch nach draußen und erblickte ein orangefarbenes Licht im Hof. Zuerst habe er seltsamerweise gedacht, dass jemand da unten ein Feuer gemacht habe. Er fragte sich, wer das sein könnte, dann aber merkte er, dass es sich um ein brennendes Auto handelte.

Am nächsten Morgen ging er hinaus, um den Schaden zu begutachten. Er sah mehrere Bombenkrater vor der Veranda und ein Loch in der Wand, drei Meter von ihrem Balkon entfernt. Eine Granate war im zwölften Stock eingeschlagen, genau über dem Zimmer, in dem sie die Nacht verbracht hatten.

Das reichte ihnen, und sie beschlossen, in einem anderen Stadtteil Zuflucht zu suchen. Bei uns ist ein Zimmer frei, also bleiben sie heute Nacht hier. Sie werden auf unserer großen aufblasbaren Intex-Matratze schlafen.

Der Mann berichtet weiter, während er die Matratze aufpumpt. Die Luftpumpe, die wir haben, ist klein und ineffizient, deshalb braucht er sehr lange dafür. Er redet, wir hören zu, und Toschka, der lustige Yorkshireterrier, läuft zwischen uns herum und fordert jeden auf, ihn zu streicheln. Toschka ist verwöhnt, übergewichtig, aber sehr energetisch; er hört nie auf zu laufen. Er mag neue Leute, mag neue Orte, mag alles. Er ist einfach glücklich zu leben. Unsere fünf Katzen haben wir in einem anderen Zimmer untergebracht.

Die beiden Geflüchteten werden wahrscheinlich ein paar Tage bei uns bleiben. Dann wollen sie bei Bekannten in einem Dorf nicht weit von Charkiw Unterschlupf finden. Wir sagen ihnen, dass das nicht die beste Idee sei. Wenn der Krieg naht, bieten kleine Städte und Dörfer keinerlei Schutz. Die Häuser könnten zusammen mit den Menschen, den Haustieren und dem Vieh, die sie schützen sollten, in Schutt und Asche gelegt werden. Eine heftige Schlacht kann ein Dorf wie ein Hurrikan überrollen und es in eine Mondlandschaft verwandeln.

Der Mann und seine Mutter wissen das natürlich, aber sie sind fest entschlossen, Charkiw zu verlassen. Sie können es hier nicht mehr aushalten und sind bereit, das Risiko einzugehen.

»Es ist jetzt sehr ruhig dort«, sagt sie über das Dorf, in dem sie leben werden. Ihr Sohn pumpt die Matratze immer weiter auf, und Toschka läuft unermüdlich im Kreis und bettelt jeden an, seinen fetten, seidigen Kopf zu streicheln.

EIN REGNERISCHER TAG
12. April 2022

Unsere neuen Freunde verlassen Charkiw frühmorgens, an einem grauen, regnerischen Tag. Fünf Menschen, vom Hund ganz zu schweigen, quetschen sich in ein Auto. Eigentlich sind nur drei von ihnen auf der Flucht, die anderen fahren vorsichtshalber mit: Je mehr Leute in einem Auto sitzen, desto geringer ist das Risiko, dass es von der Armee beschlagnahmt wird. Das Risiko ist wahrscheinlich gar nicht so groß, aber es besteht immerhin.

Sie fahren weg und lassen Charkiw hinter sich. Diese schreckliche Stadt wird für sie zur Geschichte. Zumindest die gegenwärtige Version von Charkiw, die flach und düster unter den grollenden Wolken liegt. Es ist kein Donnergeräusch, sondern einmal mehr Artilleriefeuer.

Der Weg ist nicht weit, aber in nur eineinhalb Stunden werden sie achtmal an Straßensperren angehalten. Jedes Mal, wenn ein Offizier oder ein Soldat mit Maschinengewehr zu ihnen »Ruhm der Ukraine« sagt, ist das sowohl eine Begrüßung als auch ein herzliches Lebewohl. Jedes Mal antworten sie mit »Ruhm den Helden«, und jedes Mal haben sie Angst, dass sie etwas Falsches sagen könnten, wie zum Beispiel »Den Helden Ruhm«, oder die Parole in unpassender Aussprache wiedergeben. Wahrscheinlich spielt es keine Rolle, aber Krieg ist nun einmal Krieg, und sie sind es nicht gewohnt, Ukrainisch zu sprechen, also machen sie sich Sorgen.

Der Regen wird stärker, und das ist gut so, denn bei starkem Regen feuert die Artillerie nicht. Keiner weiß, warum. Vielleicht werden die Läufe beschädigt, wenn zu viel Wasser in sie eindringt, oder die glühenden Granaten verbrauchen zu viel Energie, um durch die bebende Wand aus Wasser zu zischen, oder die Artilleristen sagen »Scheiß drauf« und klettern in ihre Löcher, die sie in die Erde gegraben haben, um wieder trocken und warm zu werden. Oder vielleicht feuert die Artillerie ja doch im Regen, und wir denken nur, dass sie es nicht tut, weil der Verstand auch im Chaos immer ein Muster finden muss.

Unsere neuen Freunde erreichen endlich ihr Ziel. Es ist ein kleines Dorf, mit nur einem Laden zwei Kilometer entfernt, in dem sowohl Lebensmittel als auch Haushaltswaren verkauft werden. Es gibt da aber leider keine Streichhölzer. Weder in Charkiw selbst noch in der Region Charkiw gibt es noch einen Laden, der sie verkauft. Ich weiß nicht, warum. Die einzige mögliche Erklärung ist, dass Streichhölzer noch schwieriger zu importieren sein müssen als Panzer, Haubitzen oder Kamikaze-Drohnen.

Als der Regen aufhört, gehen wir nach draußen. Wir haben vor, die Pflanzen in einer verlassenen Wohnung im Nachbarhaus zu gießen. Der Aufzug funktioniert dort nicht, also stapfen wir zwölf Stockwerke hoch, jedes Mal über einen weit geöffneten Balkon. Mit jedem Stockwerk wirkt die Stadt weiter entfernt, sie liegt unter uns. Sie verwandelt sich in ein wogendes Meer von Dächern. Es gibt ringsum kaum hohe Gebäude. Immer, wenn wir auf einen offenen Balkon hinaustreten, suchen wir den Horizont nach Rauch ab, aber wir sehen keinen. Das ist ein gutes, ein wirklich gutes Zeichen.

Nachdem wir die Pflanzen gegossen haben, gehen wir in einen Supermarkt. Es steht keine Schlange davor – ein weiteres gutes Zeichen. Doch es gibt Leute, die für humanitäre Hilfe anstehen. Ihre Schlange reicht über den ganzen Platz bis auf die gegenüberliegende Straßenseite.

Als wir aus dem Supermarkt treten, bemerken wir, dass die Schlange für humanitäre Hilfe ganz verschwunden ist. Dann verstehen wir auch, warum: Der Himmel ist voller Rauch. Er ist dick und schwer, und der Wind trägt ihn schnell über unsere Köpfe hinweg, wie ein schwarzes Band, das sich über den Horizont zieht. Das Atmen fällt uns schwer, und meine Frau bedeckt ihren Mund mit dem Kragen ihres Pullovers.

Als wir uns umsehen, um herauszufinden, woher der Rauch kommt, meinen wir zunächst, dass es unser Haus ist, das brennt. Aber die einfache Logik sagt uns, dass nichts in unserem Haus eine solche Menge schwarzen Rauchs erzeugen kann. Wenn ein Wohnhaus, von einer Granate oder einer Rakete getroffen, Feuer fängt, sieht das aus, wie wenn ein riesiges Streichholz entzündet wird, und die Rauchentwicklung reicht kaum aus, um fünf oder sechs Etagen über dem Brandherd zu schwärzen. Der Rauch aber, den wir jetzt sehen, erstreckt sich über die ganze Stadt und besitzt eine stechende, ekelerregende Qualität. Es muss sich um Tonnen von Plastik, Gummi oder Harz handeln, die irgendwo brennen: in einem Lagerhaus.

Leider haben wir ein Fenster offengelassen, als wir aus dem Haus gegangen sind. Das bedeutet, dass unsere Wohnung voller Rauch sein wird, und so eilen wir nach Hause, um etwas dagegen zu tun. Wieder fängt es an zu regnen, und wir hoffen, dass der Regen den Rauch zu Boden drückt.

NACHLÄSSIGKEIT
15. April 2022

Ein Mann benutzt ein Seil, um vom Dach in seine Wohnung hinunterzuklettern. Es ist ein neunstöckiges Gebäude, und das Zimmer, in das er gelangen will, liegt im achten Stock. Es sieht eher aus wie das Bühnenbild eines Zimmers, weil die vordere Wand herausgefallen ist und wir ins Innere sehen können. Die Möbel sind angekohlt, stehen aber größtenteils an ihrem üblichen Platz: ein Sofa, ein Tisch, ein Schrank. Die einzige Möglichkeit, in das Zimmer zu gelangen, ist der Weg über das Dach, denn das Treppenhaus ist völlig zerstört.

Darum benutzt der Mann ein Seil, um nach Hause zu kommen und etwas mitzunehmen, das er braucht. Ist es Geld, oder eine Kreditkarte? Oder sind es vielleicht wichtige Dokumente? Handelt es sich um etwas, das einen großen persönlichen Wert hat? Möglicherweise will er ja seine Frau und seine Kinder besuchen, die vielleicht noch am Leben sind und sich in der entlegensten Ecke der Wohnung verstecken?

Während der Mann in den achten Stock hinabklettert, klappen die Fassaden des fünften und sechsten Stocks plötzlich wie ein Buch zusammen und fallen herunter. Den Mann scheint das nicht zu stören. Er klettert weiter hinunter, dann verschwindet er in der Dunkelheit des Raumes, der keine Stirnwand hat. Er zögert nicht und schaut nicht nach unten. Vielleicht ist er zu sehr auf seine Aufgabe konzentriert oder einfach nur unvorsichtig. Oder wahrscheinlich beides.

Am einundfünfzigsten Tag unter Dauerbeschuss sind viele von uns ein bisschen zu nachlässig geworden.

Heute sind meine Frau und ich dabei, Blumenbeete im Garten anzulegen. Wir haben den Unrat weggeharkt, Rillen in den warmen Boden gegraben, der so weich und duftend ist wie frisches Brot, und winzige Samen gesät. Es ist ein schöner, sonniger Tag. Unsere Katzen sind mit uns draußen. Sie laufen hin und her und riechen an der Erde. Sie sehen zufrieden und ein wenig überrascht aus darüber, dass der Frühling endlich da ist. Als ein weiterer Schuss Artillerie die Luft zerreißt, ducken sie sich ein wenig, hören aber nicht auf herumzutollen. Sie blicken auch nicht in den dröhnenden Himmel. Selbst die Katzen sind unvorsichtig geworden.

Einige Leute gehen vorbei. Sie sagen zu uns, dass sie heute viele Menschen gesehen hätten, die Blumen pflanzten. Sie sagen, es sei erstaunlich, dass sich niemand um Granaten und Raketen kümmere, aber wirklich überrascht scheinen sie nicht zu sein.

Die Geräusche der Artillerie zerfetzen immer noch den Himmel, aber die meisten Menschen gehen in aller Ruhe herum, wirken bequem und entspannt, vielleicht auch ein bisschen verrückt. Die einzigen vernünftigen Leute, die ich sehe, sind eine Frau und drei Mädchen, die zehn Jahre alt oder jünger sind. Sie halten sich an die Ecken, schauen nach oben und nach hinten, nach etwas Unsichtbarem, das in der Luft explodiert. Sie sehen verängstigt aus. Eines der Mädchen verabschiedet sich und rennt in eine andere Richtung. Die beiden anderen eilen mit ihrer Mutter nach Hause. Das ist es, was normale Menschen tun sollten.

Wir aber sind immer noch dabei, Blumen zu pflanzen. Die Erde ist so weich nach den Regenfällen. Dann ruft ein

Freund von uns an. Er gesteht, dass er angefangen habe, alles zu hassen, was russisch sei, sogar Puschkins Gedichte, sogar sowjetische Filmklassiker, die er früher so gerne gesehen habe. Wir sagen ihm, dass Puschkin keine Schuld daran trage, wie es um Russland zwei Jahrhunderte nach seinem Tod bestellt sei.

»Ich weiß«, gibt er zu. »Ich hasse ihn trotzdem, aber ich glaube, das ist nur vorübergehend.«

Dann erzählt er uns, dass er gerade seine Katze gefüttert habe und in der Sonne sitze, um den Blick auf die Raketen zu genießen, die über seinen Kopf flögen. Auch er ist unvorsichtig geworden. Später erfahren wir, dass in der Stunde, in der wir draußen unsere Blumenbeete anlegten, acht Menschen getötet und zweiundvierzig verletzt wurden. Die meisten von ihnen waren zu Fuß unterwegs, pflanzten Blumen und genossen den sonnigen Tag, als Raketen in der Luft explodierten und sie mit Streumunition überschütteten.

Die Reste der Raketen, leere Bolwankas, fielen herunter und blieben im Asphalt stecken. Einige Leute zogen sie heraus und warfen sie in Mülltonnen. Ein Mann meinte, dass er eine Bolwanka zu Hause gebrauchen könne, und war drauf und dran, sie mitzunehmen, aber die Polizei beschlagnahmte das Ding.

In der Nacht beginnt der Beschuss wieder. Die Russen scheinen entschlossen zu sein, noch mehr Wohngebäude voller schlafender Menschen zu zerstören, aber wir sind es leid, vorsichtig zu sein. Wir sind alle unvorsichtig geworden und ein bisschen verrückt.

UNGEDULD DES HERZENS
17. April 2022

Eine Russin hat eine Videoansprache an die Ukraine aufgenommen. Nicht an das ukrainische Volk, sondern an die
Ukraine als Land.

»Ukraine, du bist unser Nachbar«, sagt sie. »Aber du hast
dich in letzter Zeit schlecht benommen, also sollte dir eine
Lektion erteilt werden. Nimm es mir nicht übel, Ukraine, es
ist nur zu deinem Besten. Du musst gepeitscht werden. Wir
müssen dir eine Ohrfeige geben, dann wirst du verstehen,
dass du die ganze Zeit falschgelegen hast.«

Wenn wir uns nicht um unsere eigenen Angelegenheiten
kümmern, geht das nicht gut aus. Wenn wir unseren Nachbarn zu seinem eigenen Besten ohrfeigen wollen, geht das
nie gut aus.

Selbst wenn unsere Absichten herzensgut sind, selbst
wenn wir nur aufrichtig helfen wollen, aber nicht wissen,
wie, und niemand uns darum bittet, wird es nicht gut aus-
gehen. Stefan Zweig hat dafür einen Begriff geprägt: »Ungeduld des Herzens«. In Zweigs Roman bemitleidet ein junger
Mann ein gelähmtes Mädchen und will ihm helfen, obwohl
die Situation nicht zu ändern ist. Die Ungeduld seines Herzens bringt das Mädchen am Ende um, trotz aller guter Absichten.

Ich erinnere mich, dass meine Frau und ich, als wir noch
viel jünger waren, eines Tages auf der Straße ein Elsternjunges sahen und es mitnahmen, weil wilde Katzen das Vö-

gelchen jeden Moment fressen konnten. Wir nannten das Küken Skippy, und es fing sofort an, uns zu lieben. Es hüpfte die ganze Zeit hinter uns her, zwitscherte und verlangte, gefüttert zu werden.

All das geschah in den Neunzigerjahren, als wir noch kein Internet hatten, also gab es keine Möglichkeit, Informationen darüber zu finden, wie man ein Elsternjunges füttert. Wir gaben dem Küken verschiedene Arten von Futter, aber es hat nicht gefressen. Es hüpfte nur hinter uns her, zwitscherte und wollte gefüttert werden.

Wir bauten ein Nest für Skippy, der unser erstes Haustier war. Wir legten Blätter und Äste hinein. Das Elsterchen saß auf einem Ast, zwitscherte von Zeit zu Zeit und wollte gefüttert werden. Es liebte uns wirklich und genoss unsere Anwesenheit. Eines Tages fiel es einfach vom Zweig runter, tot. Ich nahm seinen kleinen Körper mit in den Garten und beerdigte ihn unter einem Baum. Ich hatte immer noch Skippys Zwitschern in den Ohren.

Ich legte den Körper in die Grube und bedeckte ihn mit Erde. Als ich auf die Erde drückte, um sie zu glätten, war ich schockiert, Skippys Zwitschern erneut zu hören: Ich glaube, dass die Luft aus den Lungen des toten Vogels entwich, als sein Körper zusammengepresst wurde. Es war der vertraute Ton. Selbst tot wollte Skippy gefüttert werden.

Hätten wir das Küken auf der Straße zwischen den verwilderten Katzen zurückgelassen, hätte es eine Chance gehabt zu leben. Aber die Ungeduld des Herzens, die wir verspürten, zwang uns, es zu töten. Ganz gleich, wie löblich unsere Absichten waren, der Vogel musste trotz allem sterben.

Ich glaube nicht, dass die Frau, die die Ukraine auspeitschen oder sie ohrfeigen wollte, wirklich gute Absichten hatte. Ja, sie wollte irgendwie helfen, aber sie war arrogant und hatte die Augen einer Tyrannin. Ich bin sicher, sie würde sich glücklich fühlen, wenn sie jemanden ohrfeigen könnte.

Wohin ihre Ungeduld des Herzens zieht, ist alles andere als klar. Aber dennoch will sie helfen, auch wenn sie nicht darum gebeten worden ist und niemandem helfen kann. Das ist die Art von Russe, die mein Freund, der sein Leben lang gute russische Bücher gelesen und gute russische Filme gesehen hat, alle Russen hassen lässt, auch Puschkin.

Aber es gibt eine viel schlimmere Arten von Russen. Ein russischer Soldat namens Roman ruft seine Frau aus dem Krieg an und bittet sie um Erlaubnis, ukrainische Frauen zu vergewaltigen. Seine Frau, Olga, hat nichts dagegen. Sie sagt nur, er solle vorsichtig sein und sich schützen. Journalisten haben herausgefunden, um wen es sich bei dem Mann wie der Frau genau handelt. Es handelt sich um echte Menschen, und ihr Telefongespräch ist nicht gefälscht.

Ich frage mich, ob Roman aus der Ungeduld seines Herzens heraus der Ukraine mit der Vergewaltigung ukrainischer Frauen helfen wollte oder ob er sie vergewaltigt hat, weil es ihm Macht gab und Spaß machte. Letzteres dürfte näher an der Wahrheit sein.

ANGST
18. April 2022

Es gibt ein Porträt von Putin, das um 1360 gemalt wurde – wie kann das sein?

»Die höchste Form der Freiheit besteht darin, sich nicht entscheiden zu müssen«, behauptete vor einigen Tagen der berühmteste russische Filmregisseur, Nikita Michalkow, ein Putin-Verehrer. Das klingt wie »Krieg ist Frieden, Freiheit ist Sklaverei«. Es klingt sogar noch besser: subtiler, aber die Bedeutung ist dieselbe.

18. April 2022. »Heute ist es zu ruhig«, stelle ich fest, und im nächsten Moment hämmert etwas Riesiges und Lautes von oben gegen das Haus. Das Haus scheint wie ein Nagel in den Grund eingeschlagen zu werden.

Dann ist es wieder still. Die Sekunden ticken weiter.

»Ich glaube, ich werde nie wieder behaupten, dass es zu ruhig ist«, sage ich langsam, und dann erschüttert ein weiterer Schlag das Haus vom Dach bis zum Fundament. Wir springen auf. Wir rennen in Panik los. Wir sammeln die Katzen ein und schleppen sie zur Eingangstür, die der sicherste Ort ist, weil dort zwei tragende Wände zusammenlaufen. Die Katzen mögen es nicht, wenn man sie trägt. Sie laufen weg und verstecken sich. Sie kennen die Stellen, an denen sie nicht entdeckt werden können.

Die Sekunden ticken weiter. Jetzt wissen wir, wann die nächste Bombe oder Rakete oder was auch immer uns treffen wird: Es dauert eine Minute, bis der Hammer wieder ausgeholt hat und mit voller Wucht auf unsere Köpfe fällt. Wir irren immer noch in Panik herum, als es wieder passiert.

Wir fangen an, uns gegenseitig anzuschreien. Wir sind hilflos. Wir wissen nicht, was wir tun sollen. Jetzt sind wir von unserer verrückten Unachtsamkeit geheilt. Endlich sind wir wieder vernünftige Menschen, vernünftig und voller Angst. Die Luft selbst ist voller Angst. Die Zeit selbst, jede Sekunde, die verstreicht, ist mit ihr geladen. Dann fällt der Hammer zum letzten Mal. Das Haus bleibt heil, obwohl es unglaublich scheint, dass das Gebilde aus Ziegeln und Zement wie ein weicher lebendiger Körper wackeln kann und dann wieder erstarrt.

Die Angst, die wir erlebt haben, hat etwas Wichtiges verändert, sie hat einige Rädchen in unseren Herzen in Bewegung gesetzt. Wir werden nie wieder unvorsichtig sein können. Wir scrollen durch das Internet auf der Suche nach den neusten Nachrichten, aber es gibt keine – zumindest keine echten, alle Nachrichten sind meist Blabla über nichts, was eigentlich Unheil verheißt.

Das Ausbleiben von Meldungen verstärkt die Angst. Mittlerweile wissen wir, dass der Präsident und die Regierung schon Tage vorher wussten, dass der Krieg kommt, sie wussten genau, wann und wo er seinen Anfang nehmen würde, aber sie schwiegen, um keine Panik zu schüren.

Und ja, sie lösten keine Panik aus, aber Tausende von Menschen, die Orte wie Butscha hätten verlassen können, hatten keine Ahnung, was vor sich ging. Unwissenheit war ein Segen, bis zu dem Moment, als russische Soldaten auftauchten und aus Panzern auf sie schossen, sie folterten, vergewaltigten und sie hinrichteten, nachdem sie ihnen die Hände mit weißen Tüchern hinter dem Rücken gefesselt hatten.

Wir wissen also, dass Schweigen gefährlich ist. Keine Nachricht ist wahrscheinlich schlimmer als eine schlechte Nachricht. Das Einzige, was wir mit Sicherheit wissen, ist, dass heute die neue russische Offensive begonnen hat.

Wir gehen die Möglichkeiten durch, Charkiw zu verlassen. In eins der Dörfer zu fahren, die noch sicher und ruhig scheinen, ist zu gefährlich. Die nächstgelegene größere Stadt, Poltawa, ist überfüllt. Es gibt keinen wirklich sicheren Ort im Land, und in den relativ sicheren Orten sind die Menschen wie Sardinen zusammengepfercht. Wir wissen also nicht, was wir tun sollen.

Wir können immer noch keine wirklichen Nachrichten finden, und die Luft ist voller Angst. Nachts erfahren wir, dass die Russen womöglich irgendeine Art von chemischen Waffen eingesetzt haben. Russische Einheiten zerstören Mariupol weiterhin mit riesigen Bomben, deren Explosionen noch aus hundert Kilometern Entfernung zu hören sind.

Wir wissen, dass die russischen Truppen nach Westen und Süden vorrücken, aber wir kennen keine Einzelheiten. Wir haben immer noch keine Ahnung, was wir tun sollen, also tun wir nichts, nichts Wichtiges zumindest. Wir warten, essen, schlafen, gehen durch die Zimmer und suchen im Internet nach irgendwelchem Unsinn, wie zum Beispiel nach Fotos von Putin.

Ich blicke auf ein Foto von Putin als Junge. Es ist nicht viel Intellekt in seinen Augen zu erkennen. Er ist der Typus eines jungen Mannes, der neben anderen unbedeutenden Personen unauffällig wirkt, der aber gefährlich sein könnte, wenn man ihm auf einer dunklen Straße begegnet. Etwas tief verborgenes Böses kräuselt leicht seine Lippen.

Wie konnte sich dieser Mensch zu einem psychopathischen Führer entwickeln, der die Existenz der ganzen Welt bedroht? Wie konnte dieser böse Junge zu einem Monster heranwachsen, wie es an der Wand der Abtei von Pomposa in der Nähe des Po-Deltas in Italien abgebildet ist?

Wenn Sie jemals dahin kommen, schauen Sie auf die Wand rechts von der Tür, auf Augenhöhe, und Sie werden ein Porträt von Putin sehen, das im vierzehnten Jahrhundert gemalt wurde. Ja, es scheint ein Wunder zu sein, aber es ist definitiv er. Die gleiche niedrige Stirn, die gleichen Ohren, die gleiche Nase und die gleichen Augen. Vor allem die Augen.

Die ganze Zeit versuche ich, mir die Welt zu erklären, die plötzlich von absonderlichen Wundern erfüllt ist, aber ich begreife immer noch nicht, wie das sein kann. Manche Dinge entziehen sich der Logik. Manche Dinge scheinen unmöglich zu sein, selbst wenn man sie von ganz nah betrachtet oder sie aus unterschiedlichsten Blickwinkeln untersucht. Sehen und Glauben sind zwei verschiedene Dinge.

Sergej Wladimirowitsch Gerassimow wurde 1964 in Charkiw in der Ukraine geboren. In den Neunzigerjahren studierte er in seiner Heimatstadt Psychologie. Er veröffentlichte mehrere wissenschaftliche Artikel sowie Fachbücher, bevor er sich der Literatur zuwandte. Seitdem verfasst er Romane in seiner Muttersprache Russisch, dichtet und übersetzt Gedichte. Gerassimow lebt mit seiner Frau im dritten Stock eines Hochhauses im Zentrum von Charkiw. Dort schreibt er über die Absurdität eines Alltags im Krieg.

Andreas Breitenstein wurde 1961 in Zürich geboren. Er ist Journalist, Literaturkritiker und Übersetzer. Seit 1992 ist Breitenstein Mitglied der Feuilletonredaktion der ›Neuen Zürcher Zeitung‹, wo er unter anderem die Kulturen Osteuropas und Russlands betreut.

»Frieden und Freiheit verteidigen«

»Die größten Krisenherde der Zukunft«